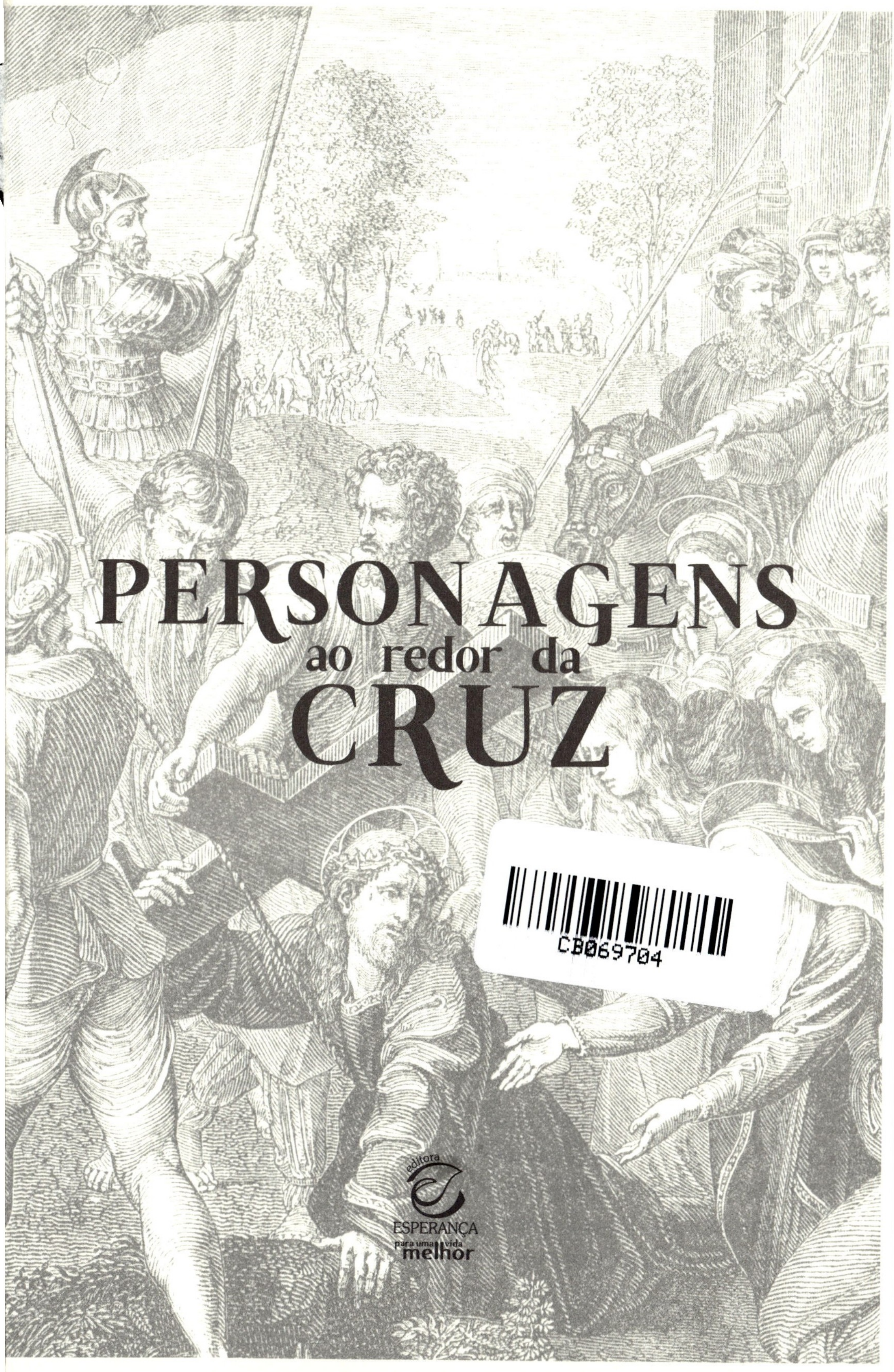

PERSONAGENS ao redor da CRUZ

editora ESPERANÇA para uma vida melhor

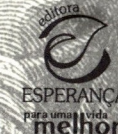

Tom HOUSTON

PERSONAGENS ao redor da CRUZ

Testemunhas da Paixão de Cristo

1ª edição

Tradução: Marcos Davi Steuernagel

Curitiba/PR
2018

Tom Houston

Personagens ao redor da Cruz
Testemunhas da Paixão de Cristo

Coordenação editorial: Claudio Beckert Jr.
Tradução: Marcos Davi Steuernagel
Revisão: Josiane Zanon Moreschi
Edição: Sandro Bier
Capa: Sandro Bier
Editoração eletrônica: Josiane Zanon Moreschi
Título original: Characters around the cross

Dados Internacionais de Catalogação na Publicação (CIP)
(Câmara Brasileira do Livro, SP, Brasil)

Houston, Tom
  Personagens ao redor da cruz : testemunhas da paixão de Cristo / Tom Houston ; tradução de Marcos Davi Steuernagel. - Curitiba, PR : Editora Esperança, 2018.
  232 p.

  Título original: Characters around the cross
  ISBN 978-85-7839-204-8

  1. Cruz 2. Jesus Cristo - Crucificação 3. Personagens bíblicos - Comportamento I. Steuernagel, Marcos Davi II. Título

CDD-232.96

Índices para catálogo sistemático:
1. Jesus Cristo : Crucificação   232.96

Salvo indicação, as citações bíblicas foram extraídas da Bíblia na versão Nova Almeida Atualizada © Sociedade Bíblica do Brasil, 2017.

Todos os direitos reservados.
É proibida a reprodução total e parcial sem permissão escrita dos editores.

Editora Evangélica Esperança
Rua Aviador Vicente Wolski, 353 - CEP 82510-420 - Curitiba - PR
Fone: (41) 3022-3390
comercial@editoraesperanca.com.br
www.editoraesperanca.com.br

O livro de Tom Houston é um complemento importante para a biblioteca de todo pastor, e seu conteúdo será útil para todos os cristãos.

John Huffman – Igreja Presbiteriana St. Andrews, Newport Beach, EUA

Com uma exposição precisa, ilustrações vívidas e aplicações contemporâneas, Tom Houston consegue se concentrar na Cruz de Cristo como o evento mais decisivo da história com o poder de transformar a vida humana hoje.

David Coffey – Secretário geral da União Batista do Reino Unido

Houston nos lembra de algo que os cristãos não podem esquecer: as pessoas ao redor da cruz eram, de diversas maneiras, duras ou profundamente carinhosas, desagradáveis ou santas, amargas ou compassivas, vingativas ou amáveis e atenciosas. Eles eram, em síntese, pessoas como nós. Depois de ler o livro, fui forçado a me perguntar: Qual dos personagens da Cruz mais se parece comigo?

Gordon MacDonald – Autor de "Ponha ordem no seu mundo interior" (Betânia, 2011.)

Lindamente escrito e atraentemente apresentado, este livro leva o leitor ao único lugar no qual Deus nos encontrará – na frente da Cruz. Ali nos encontramos confrontados por Judas, por Herodes e por Pôncio Pilatos, por Maria Madalena, Nicodemos e outros, com uma vivacidade surpreendente que nos obriga a tomar partido.

Richard Bewes – Reitor da All Souls Church, Langham Place, Londres

Este excelente livro faz com que a Paixão ganhe vida, abrindo a vida das pessoas que achamos que conhecemos tão bem.

Joel Edwards – Diretor geral da Aliança Evangélica do Reino Unido

Sumário

Agradecimentos..11
Dedicatória..13
Prefácio...15
    Prefácio à versão estendida..16
1 A multidão inconstante (Marcos 11.1-11)......................................17
    Uma inconstância alarmante nas pessoas..18
    Entusiasmo com pessoas que estão enganando................................20
    Entusiasmo com os heróis do passado...20
    Entusiasmo para expor o mal...21
    Entusiasmo por atos violentos...22
    Entusiasmo por Jesus como Mestre..22
    O comprometimento que traz estabilidade......................................23
2 O materialismo de Judas...27
    O motivo de Judas..28
    O materialismo é dissimulado...30
    O materialismo racionaliza...32
    O materialismo corrompe...33
    O materialismo escraviza...33
    O materialismo distorce valores...34
    O materialismo e Judas..35
3 A negação de Pedro...39
    Maus presságios...40
    A atração da isca..41
    O caçador...43
    Preparando a armadilha...43
    A dor da cilada...45
    Libertação abençoada..46
4 O nepotismo de Caifás..49
    A família de Anás..50

O nepotismo é imediatista..53
Nepotismo envolve manipulação financeira.....................55
O nepotismo viola as leis..56
O nepotismo é insensível..57

5 A inveja dos chefes dos sacerdotes..............................59
A natureza da inveja...60
O que provoca a inveja...61
Os métodos da inveja..63
A cura da inveja..67

6 Pilatos: verdade e política..69
A paralisia de um passado desordenado..........................70
A pressão de um problema indesejado.............................73
A pantomima de uma trama descontrolada....................74
O *páthos* (caráter) de uma marionete inconsciente........76
Paz e perdão..77

7 A esposa de Pilatos: casamento e sonhos....................79
Um sonho surpreendente...80
Um lamento diário..82
Uma devoção tocante..83
Do lado do Senhor...84

8 A multidão e Barrabás...87
A escolha da multidão..88
Uma escolha emocional..89
Uma escolha irracional...90
Uma escolha irresponsável..90
Uma escolha fatal..91

9 O adultério de Herodes..95
A carreira de Herodes...95
A escolha de Herodes..96
A chance de Herodes...97
A esperança de Herodes...98
A mudança de Herodes..99
A condenação de Herodes..100
O fim de Herodes...101

10 Simão de Cirene: sentindo o peso da Cruz..............103
Uma grande visita...103
Uma grande honra..105
Uma grande recompensa..105
Uma grande oportunidade...107
Um grande corretivo...109

11 As filhas de Jerusalém: desastres à luz da Cruz......111
Mulheres comuns..112
Uma metáfora forte...113

Sumário

    Um fardo desigual..115
    Uma resposta difícil..117

12 Os soldados: sorteando as roupas..119
    Os dividendos da morte..121
    Lucrando com a tristeza..122
    As roupas do crucificado...123
    Justiça dos injustiçados..124

13 Dois ladrões e como eles terminaram.....................................125
    A Cruz e o roubo..126
    Atitudes típicas das pessoas que roubam...........................127
    A evidência do arrependimento sincero.............................127
    Constatações importantes sobre Jesus...............................129
    Uma promessa surpreendente..130
    Jesus e o indivíduo...133

14 Os escarnecedores que disseram mais do que sabiam............137
    Um belo tributo: "Ele salvou os outros"...............................139
    Uma verdade fundamental..139
    Uma tragédia fatal..140
    A lei da semente...141
    Essa lei é ilustrada no caso de Jesus....................................142
    A lei é perpetuada nas vidas daqueles que ele salva.........143

15 As mulheres da Galileia, fiéis até o fim...................................145
    As mulheres ajudaram Jesus durante sua vida..................146
    As mulheres viram Jesus morrer...146
    Elas ajudaram a enterrar Jesus quando morreu................147
    As mulheres foram as primeiras a saber que Jesus estava vivo....148

16 Maria, mãe de Jesus: fé e família..151
    O começo: muito para refletir...152
    Os anos de silêncio..154
    Um distanciamento crescente..155
    Perdendo um filho e encontrando uma família.................156
    O fim..158

17 O centurião romano: um veredito impressionante.................159
    Um soldado de ouro...160
    Um veredicto não solicitado..161
    À beira do mistério...162
    O mistério explicado..163
    Quem você diz que eu sou?...164

18 José de Arimateia: testemunha silenciosa...............................167
    Sua excepcional carreira..168
    Sua conversão obscura..169
    A coragem tardia..171
    Sua consolação aberta...172

19 Nicodemos: um discípulo secreto 175
    Uma busca noturna pela verdade (Jo 3.1-21) 175
    Um apelo por um mínimo de justiça 178
    O momento da revelação 178

20 Maria Madalena 181
    A devoção de Maria 182
    A desmoralização de Maria 183
    A libertação de Maria 184

21 Ressurreição e integridade 189
    A Ressurreição desafia a autoridade humana 190
    A Ressurreição desafia a segurança humana 191
    A Ressurreição vence a falsidade humana 193
    A Ressurreição de Jesus ameaça a liderança corrupta 194

22 A evidência que não podia ser usada e o fato que não podia ser negado 197
    Os fatos 197
    O quebra-cabeças 198
    Sua autenticidade 198
    Seu autor 199
    Seu constrangimento 200
    Sua precisão 200

23 Pedro e João: uma nova parceria 205
    Uma reputação para superar 205
    Uma pressuposição que precisava ser corrigida 206
    Uma nova dupla 207
    Duas ressurreições pessoais 208
    Completamente refeitos 210
    Saindo da sombra do outro 211

24 Tomé e a dúvida 213
    Fé e temperamento 213
    Fé e atitudes 215
    Fé e visão 217

25 No caminho de Emaús 221
    Uma discussão animada 221
    O perigo de ser falante 223
    Dúvida e decepção 224
    A era da discussão 225
    Prova das Escrituras 225
    A convicção que vem da experiência 226

Apêndice — Pessoas na Bíblia 229

Agradecimentos

Agradeço aos muitos livros e comentários que, ao longo dos anos, me ajudaram a pensar sobre a Cruz. Eu não citei fontes nos textos porque, a esta altura, o material já se tornou parte de mim, e porque notas interromperiam o fluxo da narrativa devocional.

Eu devo muito a muitas congregações e audiências em diferentes partes do mundo, que extraíram este material de mim e me ouviram generosamente.

Pregar é sempre uma comunicação em duas vias.

Dedicatória

A Hazle, minha esposa, que ouviu todo este material e tem sido um constante encorajamento para mim.

Prefácio

Desde cedo na minha experiência cristã eu descobri que a Cruz era, e precisava ser, central para qualquer compreensão, não só do Evangelho, mas da própria vida. Nos personagens ao redor da Cruz, vemos os pecados que levaram Jesus a ela, o nepotismo de Caifás, a inveja dos chefes dos sacerdotes, a neutralidade de Pilatos, a insensibilidade dos soldados, pecados comuns revelados pelo pano de fundo da Cruz.

Quanto mais eu vivo, mais percebo que a base da vida, como nós a experimentamos, não é tão racional como gostaríamos que fosse. A vida é essencialmente trágica quando vivida por pessoas imperfeitas em um mundo caído. Só a Cruz de Jesus pode dar significado à vida quando sua base é a tragédia, isso porque a Cruz era uma só com a Ressurreição que se seguiu a ela. Jesus sofreu a tragédia da condição humana e transformou esta tragédia em esperança; ele voltou dos mortos para dar aos homens a segunda chance que nunca acontece na tragédia. Ele ressuscitou dos mortos para encontrar Maria Madalena na profundidade da sua depressão, para encontrar Tomé em seu pessimismo, para encontrar os viajantes a caminho de Emaús no seu intelectualismo, até mesmo para encontrar os chefes dos sacerdotes nos seus esforços frenéticos para encobrir a Ressurreição.

Minha responsabilidade como pregador tornou necessário que, muitas vezes, eu tivesse que tratar a respeito do relato dos Evangelhos sobre o sofrimento e a morte de Jesus. Já abordei essas histórias de muitas perspectivas diferentes. Talvez a mais frutífera seja a que aparece neste livro. Tentei entender as características dos principais personagens nessa história atemporal. Agora sinto que os conheço, e tenho que admitir que esse conhecimento vem tanto da autodescoberta quanto da observação de outros. Então, as histórias deste livro são uma mistura das minhas reflexões subjetivas sobre os textos bíblicos. Não podem ser estudos definitivos, embora eu esteja completamente convencido das verdades que elas ilustram.

Ficou impresso em mim que talvez o melhor comentário dos Dez Mandamentos seja a Paixão e Morte de Jesus. Com exceção do mandamento sobre a adoração de imagens, todos eles são quebrados ou ilustrados aqui. Estes estudos foram, para mim, um processo de busca da minha própria alma, e eles repetidamente a restauraram. Eu oro para que eles possam fazer o mesmo por cada leitor, assim como estudos de gerações passadas fizeram por mim.

Prefácio à versão estendida

Nos quinze anos que se passaram desde a primeira publicação deste livro, fui encorajado por muitos leitores a escrever mais estudos semelhantes. Esta versão estendida é a minha primeira resposta aos seus pedidos. Fiz pequenas alterações à primeira edição e acrescentei mais dez capítulos que, eu creio, ajudarão aqueles que desejam refletir sobre os importantes eventos da Cruz e da Ressurreição.

Espero que continue ajudando todos os que pregam a se concentrarem mais nas pessoas da Bíblia como exemplos e alertas para nós no século 21 (1Co 10.10). Para encorajar essa prática, também incluo um apêndice descrevendo o método que usei nestes e em outros estudos.

Tom Houston
Oxford, março de 2001

1
A multidão inconstante
(Marcos 11.1-11)

O prólogo ao drama da Cruz tem cenas dedicadas à inconstância da multidão. Começou com a entrada triunfal de Jesus em Jerusalém. À primeira vista, foi um espetáculo estranho. A caminho de Jerusalém, Jesus enviou dois discípulos adiante dele a Betfagé, para conseguir um jumentinho. Eles voltaram conduzindo o animal. Jesus adotou, então, um meio de transporte, montar em um jumento, que nunca o vimos usar em outra ocasião. Ele caminhou em todas as outras viagens que fez naquela semana; ao que parece, no final do dia também voltou a pé para Betânia.

Olhando em retrospectiva e para a profecia do Antigo Testamento, no entanto, a história não é tão estranha assim, afinal. Foi uma demonstração, deliberadamente planejada e eminentemente bem-sucedida. A época, a semana da Páscoa judaica; o lugar, a capital Jerusalém; e o método, a encenação da profecia, foram todos cuidadosamente escolhidos. A mensagem da cena foi que Jesus era um rei oferecendo-se ao povo. Zacarias havia profetizado isso: *Alegre-se muito, ó filha de Sião! Exulte, ó filha de Jerusalém! Eis que o seu rei vem até você, justo e salvador, humilde, montado em jumento, num jumentinho, cria de jumenta* (Zc 9.9). Agora Jesus estava dando vida a essa história diante de seus olhos.

O povo entendeu a mensagem e reagiu magnificamente. Todos estenderam seus mantos na estrada como um tapete para Jesus passar: um tratamento "tapete-vermelho" espontâneo. Traziam ramos de palmeira, o símbolo da vitória, cobriam com eles o chão e agitavam-nos no ar, jubilosamente e com entusiasmo. Eles cantavam as canções certas: *"Hosana! Bendito o que vem em nome do Senhor! Bendito o Reino que vem, o reino de Davi, nosso pai! Hosana nas maiores alturas!"* (Mc 11.9s). Quando a demonstração chegou ao centro de Jerusalém, a cidade inteira estava em alvoroço (Mt 21.10). A multidão, com Jesus à frente, invadiu a área do templo, atravessando os "bazares dos filhos de Anás". Ali Jesus expulsou todos os que estavam comprando e vendendo, virou as mesas dos cambistas e expulsou os animais. As autoridades estavam furiosas, mas as pessoas estavam maravilhadas. Essas pessoas comuns haviam contornado o sistema e conseguiram proclamar Jesus como seu rei; na verdade, não poderia ter acontecido sem elas. Todo o evento teve tanto apoio da multidão que os altos sacerdotes não tinham poder para fazer nada.

Parecia ser apenas uma questão de tempo até que Jesus assumisse o poder, mas isso nunca aconteceu. Dentro de cinco dias, a mesma multidão estava gritando palavras bem diferentes: "Deem-nos Barrabás! Livre-se de Jesus! Crucifiquem-no!" Estavam tão perto de se rebelar que Pilatos não pôde fazer nada, a não ser dar ao povo o que ele queria. Essas pessoas comuns ajudaram a colocar Jesus na Cruz; novamente, não poderia ter acontecido sem elas.

Uma inconstância alarmante nas pessoas

A inconstância dessas pessoas comuns, vista no drama da Cruz, certamente não causa espanto; essa mesma inconstância das pessoas comuns em meio à multidão é endêmica na sociedade humana.

Moisés se deparou com ela. Depois dos tremendos acontecimentos do Êxodo, quando os Filhos de Israel escaparam da escravidão no Egito e atravessaram o Mar Vermelho, as pessoas pareciam muito comprometidas com

Deus e fizeram um juramento sole ne de fidelidade à aliança ao pé do Monte Sinai. Em menos de seis semanas, porém, mudaram de ideia, persuadiram Arão a construir um bezerro de ouro para adorar e mergulharam em orgias desenfreadas (Êx 32).

Josué se deparou com ela. No final de sua vida, quando o povo já havia tomado posse de seu novo território, ele os exortou sobre a inconstância que os levou a se converter em massa para as práticas pagãs dos povos que eles haviam expulsado (Js 24).

Elias se deparou com ela. Quando Acabe e Jezabel deram as cartas, dizendo que o povo deveria adorar Baal, o povo mansamente abandonou a fé de seus antepassados e entrou no jogo. Elias viu a superficialidade e a inconstância deles, pois perguntou: – *Até quando vocês ficarão pulando de um lado para outro? Se o Senhor é Deus, sigam-no; se é Baal, sigam-no* (1Rs 18.21).

Nós nos deparamos com ela hoje. No Terceiro Mundo, golpes de estado e revoluções derrubam a ordem estabelecida. Muitas vezes, em golpes sangrentos, alguns poucos líderes são presos, enquanto a massa das pessoas mansamente dá meia-volta e segue a nova ordem. Na sociedade inglesa, as pessoas não são menos vacilantes do que as multidões de outros países. Propagandas inteligentes nos mandam para as lojas, em busca do último objeto de desejo ou de alguma outra fonte ilusória de felicidade. A arte da manipulação de massas pela mídia conduz nossas opiniões políticas e nos deixa vulneráveis às práticas de controle de multidões. Mesmo na igreja as pessoas são facilmente conduzidas pelas ideias da moda ou por líderes com estilos alternativos de culto. Nenhuma multidão, nem mesmo a nossa, está imune. Somente se aprendermos o segredo de permanecer firmes e estáveis em relação aos nossos pontos de vista é que poderemos nos livrar da oscilação da multidão.

Se examinarmos a multidão inconstante do Domingo de Ramos, poderemos aprender algumas verdades. Por que as pessoas que estavam tão empolgadas com Jesus no Domingo de Ramos mudaram tanto, a ponto de ajudarem a crucificá-lo cinco dias depois, na Sexta-feira Santa?

Entusiasmo com pessoas que estão enganando

O entusiasmo das pessoas por Jesus não desapareceu imediatamente depois do Domingo de Ramos. Os relatores daquela semana se esforçam em apontar que a popularidade de Jesus se manteve, talvez até tenha crescido, até a quinta-feira. Essa popularidade, no entanto, era frágil, e quando os manipuladores de massa entraram em ação na quinta-feira à noite e na manhã de sexta-feira, as pessoas foram convencidas com relativa facilidade. Alguns entusiasmos não são suficientes para promover estabilidade nas pessoas.

Entusiasmo com os heróis do passado

Na segunda-feira da Semana Santa, os chefes dos sacerdotes tentaram enganar Jesus ao perguntar quem tinha dado autoridade a ele. Jesus inverteu a questão, perguntando a eles quem havia dado autoridade a João Batista – uma resposta inteligente, porque o povo tinha uma opinião definida sobre João. As autoridades tinham medo do povo, pois todos consideravam João um profeta (Mt 21.26). Lucas afirma ainda que, se eles negassem a autoridade de João, o povo os apedrejaria, porque estavam convencidos de que João era um profeta (Lc 20.6). Aqui estavam, portanto, pessoas que conheciam sua história. Eles tinham uma visão correta sobre os eventos do passado, mas sua visão correta sobre o passado não os impediu de fazer a Jesus algo pior do que Herodes havia feito a João.

É fácil ver as coisas com clareza depois que elas já aconteceram, e imaginar que, uma vez estando certos em relação ao passado, estamos prontos para o presente. Infelizmente, não é assim que funciona. Só porque sabemos o que é certo não garante que faremos o que é certo. Os fariseus alegavam que, se tivessem vivido nos dias de seus antepassados, não teriam participado do derramamento de sangue dos profetas (Mt 23.30). Jesus os advertiu de que estavam enganados, e que o fato de reescreverem a história não garantia que não agiriam exatamente da mesma maneira. "Vão em frente", ele os desafiou, "terminem o trabalho que seus antepassados começaram". E eles terminaram. Dois ou três dias depois, com a ajuda da multidão inconstante, colocaram Jesus na cruz. E, da mesma maneira que os fariseus condenaram seus antepassados, nós olhamos para eles e insistimos fortemente que, se tivéssemos vivido na época de Jesus, teríamos ido contra a inconstância da multidão. É muito fácil cairmos no erro de achar que somos tão bons quanto o que sabemos. Uma compreensão correta do passado não garante uma ação correta no presente.

Entusiasmo para expor o mal

Pouco tempo depois, Jesus contou a parábola dos lavradores, para mostrar como as pessoas usam o que Deus confia a elas para ganho pessoal. As pessoas não só não devolvem o que é dele, mas estão prontas a desafiar Deus e até assassinar seu Filho. Terminada a parábola, os mestres da lei e os chefes dos sacerdotes tentaram prender Jesus no ato, porque sabiam que eles eram o alvo da parábola; mas tinham medo do povo (Lc 20.19). Podemos imaginar as pessoas sorrindo para si mesmas enquanto Jesus expunha tão precisamente a ganância e a hipocrisia de seus líderes. O povo não havia sido enganado. Ele dificilmente é. Sabia o que estava acontecendo. Mesmo assim, a sequência dos fatos mostra que, embora soubessem o quão egoístas e inescrupulosos eram seus líderes, esse entusiasmo para expor o mal não os impediu de mudar de lado e ajudar esses mesmos líderes a fazerem o próprio mal em questão. As pessoas sorriram, na quinta-feira, ao ouvirem a parábola na qual os lavradores assassinaram o filho do dono para que pudessem ficar com a propriedade; as mesmas pessoas, na sexta-feira, ajudaram seus líderes a fazer exatamente isso. Saber o que é errado e gostar de ver o mal exposto não é o suficiente para garantir que nós mesmos não faremos parte do mesmo mal.

Entusiasmo por atos violentos

Quando as autoridades estavam planejando a prisão e a execução de Jesus, elas disseram: – *Não durante a festa, para que não haja tumulto entre o povo* (Mt 26.5). A multidão parecia não só estar pronta a apedrejar as autoridades se elas insultassem a memória de João Batista, como também a se rebelar contra os líderes se eles tocassem em Jesus. Essa coragem e clareza de julgamento da multidão deveria ter possibilitado que ela mantivesse sua liderança na linha, mas não funcionou assim. O desejo de se rebelar pode facilmente ser manipulado por um líder inescrupuloso. Depois de uma hábil manipulação pelas autoridades, a multidão ameaçou se revoltar contra Jesus em favor dos chefes dos sacerdotes. Dois dias antes, no entanto, os chefes dos sacerdotes temiam que a multidão se revoltasse a favor de Jesus contra eles. A disposição para usar a violência em uma direção não garante que a multidão não vá trocar completamente de lado e usar essa mesma violência para o propósito oposto.

Entusiasmo por Jesus como Mestre

No decorrer daquela última semana, os evangelistas registraram muitas vezes o entusiasmo da multidão por Jesus: *E as multidões respondiam: – Este é o profeta Jesus, de Nazaré da Galileia!* (Mt 21.11); *... porque toda a multidão se maravilhava de sua doutrina* (Mc 11.18); *... porque todo o povo, ao ouvi-lo, era cativado por ele* (Lc 19.48); *E todo o povo madrugava para ir ao encontro dele no templo, a fim de ouvi-lo* (Lc 21.38); *... porque estas* [as multidões] *o consideravam como profeta* (Mt 21.46); *Ouvindo isto, as multidões se maravilhavam da sua doutrina* (Mt 22.33); *E a grande multidão o ouvia com prazer* (Mc 12.37). Que críticas favoráveis!

Seu entusiasmo era certamente inegável, porém entusiasmo não era o suficiente. Mesmo depois de tudo isso, eles mudaram de opinião e disseram *Crucifique-o!* E o entusiasmo por Jesus como Mestre também não nos impediria de crucificá-lo no século 21. Ouvir suas palavras e se maravilhar com seu ensino é ótimo, mas não é o suficiente. Admirar Jesus como Mestre não inspira a devoção até a morte por ele ou pela verdade. Até mesmo conhecer seus ensinamentos não é uma garantia absoluta de não sermos manipulados a agir contra ele. Jesus não busca a admiração e o apoio dos homens. Ele tinha toda a admiração e apoio que alguém poderia querer das multidões; elas haviam entendido seus ensinamentos e, mesmo assim, crucificaram-no. Sua aceitação de Jesus foi superficial. E a nossa? Quão profunda é a nossa aceitação?

O comprometimento que traz estabilidade

Desde cedo em sua vida Jesus pôs o dedo na ferida das pessoas. Ele disse que elas eram *"como ovelhas que não têm pastor"* (Mt 9.36). Não pertenciam a ninguém. Não tinham quem as guiasse, protegesse ou cuidasse delas. Na Bíblia, a palavra "pastor" é muitas vezes usada para designar um rei, príncipes ou nobres – significa um líder. Profetas como Ezequiel e Zacarias reclamaram que seus pastores alimentavam a si mesmos em vez de alimentarem suas ovelhas. *São pastores que nada compreendem; todos seguem o seu próprio caminho, cada um para a sua ganância, todos sem exceção* (Is 56.11). Jesus utilizou esse refrão profético na sua parábola do Bom Pastor: *"Todos os que vieram antes de mim são ladrões e salteadores [...] O mercenário foge, porque é mercenário e não se importa com as ovelhas"* (Jo 10.8,13). Embora o povo tivesse líderes, Jesus sugeriu que tinha um pastor de verdade. A multidão foi deixada à deriva, para seguir seu próprio caminho, como ovelhas sem um pastor. Que constatação mais precisa! A multidão não pertence a ninguém. Ela estava por conta própria, capaz de ser manipulada em uma ou outra direção pela astúcia de mercenários sagazes.

Isso nos traz ao significado da Cruz. Duas coisas estavam acontecendo ao mesmo tempo: o que os homens estavam fazendo e o que Deus estava fazendo. Do ponto de vista humano, o mal estava vencendo o bem, mas do ponto de vista divino, o bem estava vencendo o mal. Os homens crucificaram Jesus, mas *o SENHOR fez cair sobre ele a iniquidade de todos nós* (Is 53.6). O Bom Pastor estava dando sua vida pelas ovelhas.

Jesus havia relembrado a profecia ao sair da sala da Santa Ceia: *"Ferirei o pastor, e as ovelhas do rebanho ficarão dispersas"* (Mt 26.31). Isso era liderança verdadeira, liderança que reconhecia o coração pecaminoso do homem como um problema e que tomava as medidas mais drásticas para corrigi-lo em sua raiz. Ele sofreu as consequências de nossa inconstância. Ele carregou, no Calvário, nossos pecados em seu corpo. Ele morreu, o confiável pelos não confiáveis, o justo pelos injustos, para que pudesse nos trazer a Deus. As pessoas eram inconstantes e seu crime era hediondo, porém, a graça de Deus estava agindo, mesmo por meio da sua inconstância. A morte que eles causaram, por ser a morte do Filho de Deus, expiou os pecados deles e os pecados de todas as pessoas de todos os tempos. Para a multidão inconstante e para todas as pessoas que o crucificaram desde então, Jesus oferece perdão e uma vida nova para aqueles que se submeterem à liderança dinâmica e cuidadosa do Bom Pastor.

Uma última olhada para a multidão de Jerusalém, cinquenta dias depois, mostra-nos a diferença que a Cruz provocou na inconstância da multidão oscilante. Em seu sermão de Pentecostes, Pedro abordou a mesma questão da ação dupla na Cruz: ... *a este* [Jesus], *conforme o plano determinado e a presciência de Deus, vocês mataram, crucificando-o por meio de homens maus. Porém Deus o ressuscitou...* (At 2.23s). A multidão estava fazendo o mal, mas Deus estava transformando o mal em bem, oferecendo perdão e uma nova liderança a um povo sem líderes. A multidão, com o coração ferido ao ouvir isso, perguntou o que deveria fazer. Pedro lhes disse que se arrependessem, fossem batizados e recebessem o dom do Espírito Santo. Três mil deles o fizeram nos dias que se seguiram, e a Igreja nasceu, um grupo de homens e mulheres que as autoridades não puderam mais intimidar nem manipular. "Devemos obedecer a Deus, e não aos homens", eles afirmavam, até mesmo no tribunal. Nem prisão, nem pobreza, nem a morte os aterrorizava, e eles começaram a virar o mundo de cabeça para baixo. Que diferença! Onde eles perderam sua inconstância? Qual era o segredo de sua firmeza? Era que eles responderam ao amor de Deus manifesto na Cruz, comprometeram-se totalmente com Jesus Cristo e foram transformados pelo Espírito de Deus neles. Eles encontraram o Pastor. O Pastor os encontrou.

E nós? Ambivalentes? Jogados de um lado para o outro? Para cima e para baixo? Quentes e frios? Outrora constantes, mas agora à deriva? Pertencemos à multidão inconstante que, às vezes, é a favor de Cristo e outras é contra ele? Nós o admiramos como um grande mestre e até mesmo o defendemos com entusiasmo, mas damos as costas e seguimos os outros quando a pressão ou a tendência em outra direção é forte? A Cruz de Jesus nos mostra para onde uma atitude assim nos conduz. Jesus é crucificado novamente em cada injustiça cometida, em cada liberdade ou direito negado, em cada verdade escondida, em cada vítima sacrificada, em cada pessoa ameaçada, em cada necessitado negligenciado, em cada caso de discriminação, em cada padrão moral relativizado pelo consentimento popular ou ato legal. A multidão inconstante crucifica-o novamente no século 21, mas isso pode ser diferente. O Cristo ressurreto oferece a si mesmo como Pastor para os que não têm pastor, oferece estabilidade para os instáveis, e o poder de transformar a multidão inconstante em homens e mulheres completamente comprometidos com ele.

2
O materialismo de Judas

A primeira cena da peça, preparando o cenário para o conflito, é interpretada pelo meu amigo Judas. Por que eu chamo Judas de meu amigo? Porque Jesus o chamou assim. Mais de uma vez, a palavra utilizada por Jesus para falar de Judas foi *philos*, ou amigo, uma palavra bem forte no original. Eu também o chamo de amigo porque, ser amigo de Judas, ajuda-nos a entender a nós mesmos. Um programa de TV chamado "Um rosto para Judas" foi exibido na Inglaterra na década de 1960. Abordava o assunto mostrando um produtor de TV que tinha que produzir um programa sobre Judas. Ele procurou em todos os lugares pela pessoa certa, com a aparência certa e as características certas para dar uma ideia de quem seria Judas hoje. Depois de ter procurado muito, o programa terminava com uma tomada forte do produtor olhando para um espelho e dizendo: "Você serve". Existe algo de nós em Judas, e existe algo de Judas em nós. Nós não nos ajudamos ao colocar Judas de lado, rejeitado com horror, e nós aqui, em uma posição de superioridade imaginária.

O motivo de Judas

Então vamos dar uma olhada nesse homem. Há muitas teorias e suposições a respeito de Judas Iscariotes. Ele era um nacionalista, um zelote desiludido, e assim por diante. Não existe a menor dúvida em relação ao tratamento dado a Judas Iscariotes no Novo Testamento. Apenas um motivo explica consistentemente o fato de ele ter traído Jesus: dinheiro. Ele era o responsável pela bolsa e tirava dinheiro dela (Jo 12.6); instigou o ataque a Maria quando ela ungiu os pés de Jesus com o perfume caro (Jo 12.4s); recebeu um suborno de trinta moedas de prata para trair Jesus (Mt 26.15); e, quando sua consciência o perturbou, a primeira coisa em que pensou foi devolver o dinheiro (Mt 27.3s). Tudo isso se resume a uma imagem consistente de motivação materialista. Ele era o amigo de Jesus para quem o dinheiro importava demais. Como o materialista do Novo Testamento, Judas é uma lição para todos nós, pois foi o materialismo de um de seus amigos que crucificou Jesus. A Cruz nos mostra o que o materialismo faz.

Essa abordagem pode parecer diminuir a gravidade do que Judas fez. É correto proceder assim, pois é somente dessa maneira que poderemos entender a Judas. Ele estava destinado a fazer o que fez? Sua traição estava predestinada? Podemos condená-lo se ele não teve escolha na questão? Por outro lado, se não o condenarmos, nós exoneramos o criminoso mais famoso da história da humanidade. Quando eu era jovem, fui pregar a céu aberto em um lugar chamado *The Mound*, em Edimburgo, no qual os palestrantes eram sabatinados. Eu era um pregador novato e estava tremendo no púlpito, quando um homem veio e me interrogou: "E Judas?" Eu disse: "O que tem Judas?" Ele respondeu: "Judas foi um herói. Deviam fazer uma placa para ele, lá na loja da Rua Princes". Eu perguntei "Por quê?" Ele respondeu: "Ele cumpriu seu destino. Foi um herói".

Essa questão do fatalismo ou determinismo, no entanto, só se torna importante quando o ato de Judas é evidenciado como o mal dos males. Isso o Novo Testamento enfaticamente não faz. Não foi o mal dos males.

2 — O materialismo de Judas

Foi um gesto normal do mal, revelado como realmente era por ter sido colocado à luz de Jesus Cristo e de sua Cruz. É daí que vem a gravidade do gesto. Era inevitável, dada a natureza das coisas, que Jesus fosse traído e que alguém o trairia, pois é isso que o mal faz quando o bem fica no caminho. Não era inevitável que fosse Judas, em especial. Ele não é mais diabólico do que os outros, é simplesmente mais um. A mensagem é que todos os outros são tão diabólicos quanto ele, diabólicos como ele é visto à luz da Cruz.

Para embasar o que eu digo, permita-me mencionar três coisas que você pode não ter percebido. Além dos Evangelhos, existe apenas uma referência nominal a Judas em todo o Novo Testamento. Ela aparece em Atos 1.16-18, no qual encontramos o texto sobre sua substituição. Existe apenas uma referência no Novo Testamento à traição de Jesus depois disso, e é na instituição da Santa Ceia: *na noite em que foi traído*. Aqui, o nome de Judas não é nem sequer mencionado. Somente sua ação, e não sua pessoa, é lembrada (1Co 11.23). Além disso, fora as passagens em Mateus, Marcos, Lucas e João, não existe referência alguma a Judas. Não existe uma obsessão com Judas.

A segunda coisa é que a palavra grega traduzida por "trair" significa apenas "entregar". Ela é traduzida por "trair" apenas quando usada em relação a Judas. Isso é uma aberração de tradução, que determina que a palavra trair é apropriada para Judas, quando todas as outras vezes que a palavra grega aparece (e isso acontece com frequência no Novo Testamento) ela não é traduzida como "trair", mas como "entregar".

A terceira é que Judas é chamado de "um dos Doze". Você pode achar interessante o fato de essa frase ser usada apenas para uma outra pessoa e apenas uma outra vez. Ela é usada uma vez em relação a Tomé (Jo 20.24). Nenhum dos outros é chamado de "um dos Doze". É claro, os Doze são citados como grupo muitas vezes, mas dez vezes Judas entra na narrativa dos Evangelhos como "um dos Doze". Analise isso matematicamente. Os Doze eram o círculo mais próximo. "Um dos Doze" significa que 8,5 por cento do círculo mais próximo traíram Jesus por causa do materialismo. Não poderíamos considerar isso uma proporção provável de discípulos que enfrentam sérios problemas com o materialismo? Um em doze. Dez em cento e vinte. A proporção seria maior se considerássemos pessoas pouco envolvidas com a igreja. Seria maior ainda fora da igreja. Mas se apenas pensarmos matematicamente em "um dos Doze", estamos dizendo que é nessa proporção que o materialismo é encontrado no círculo mais próximo dos amigos de Jesus. E isso, com certeza, é o suficiente para que nos perguntemos: – *Por acaso seria eu, Senhor?* (Mt 26.22). Ou para que ouçamos a pergunta: Amigo, por que está aqui?

Materialismo é ansiedade gerada pela falta de dinheiro ou de coisas; esforço para conseguir dinheiro ou coisas; compulsão por acumular; mesquinharia; falta de sensibilidade; compulsão por gastar. É um quadro feio. Na nossa própria amizade com Jesus, nós alguma vez o traímos por causa do materialismo? Para responder a essa pergunta, vamos dar uma olhada em uma ou duas declarações sobre Judas, que vão esclarecer o assunto.

O materialismo é dissimulado

Jesus sabia o que Judas iria fazer, mas os outros não sabiam. Você já se perguntou por que os discípulos foram pegos completamente de surpresa pelo que Judas fez? Quando Jesus afirmou que um deles o trairia, os discípulos se entreolharam, sem saber de quem ele falava (Jo 13.28s). Ninguém na mesa sabia por que Jesus disse aquilo para Judas. Foi só mais tarde que entenderam. Eles não sabiam que Judas tirava dinheiro da caixinha, não sabiam que ele tinha estado com as autoridades. Entre os discípulos, mas desconhecido deles, Judas foi capaz de se passar por um deles. Os amigos deles eram seus amigos, enquanto, o tempo todo, a necessidade do ganho pessoal o controlava. Judas enganou completamente os onze com sua amizade. Ele fez de conta que era um discípulo quando era um diabo, que pensava nos pobres quando não se importava com eles, que se interessava por economia quando estava interessado em desonestidade, que não sabia de nada – *Por acaso sou eu, Mestre?* (Mt 26.25) – quando já havia fechado o acordo com as autoridades. Ele fingiu ser íntimo de Jesus, recebendo dele o pão molhado na refeição como se fosse um gesto de privilégio, quando, na verdade, em sua mente e em suas intenções, ele já era o traidor. Ele tinha o comportamento de um santo, mas o coração de um avarento.

O materialismo é sempre escondido, dissimulado. Francisco Xavier, o grande missionário Católico Romano, disse que, no confessionário, homens admitiram a ele todos os pecados que ele conhecia e alguns que sequer tinha imaginado. Mas ninguém confessou, por livre e espontânea vontade, a cobiça. Se o materialismo ou a desonestidade estiver em nós, existe uma possibilidade de que somente nós e Deus saibamos disso. O fato de estar escondido, no entanto, não significa que o materialismo não faça mal, e nós precisamos vasculhar nossos corações e ser honestos. Foi falando de dinheiro que Jesus afirmou: *"Portanto, se a luz que existe em você são trevas, que grandes trevas serão!"* (Mt 6.23). Essa afirmação está no meio do pronunciamento de Jesus sobre dinheiro. Nós poderíamos acrescentar, no caso de Judas: "Se a amizade que está dentro de você é falsa, que grande falsidade será!" Existem muitas amizades que escondem o interesse próprio, amizades falsas.

Certa vez eu conversei com um grupo de cristãos em Edina, no estado de Minessota. Todos haviam participado de uma "viagem visionária" para o leste da África. Eles ficaram nas casas de cristãos africanos no interior. Todos afirmaram que a experiência tinha mudado suas vidas. Quando eu insisti para que definissem como havia mudado suas vidas, uma mulher, produtora de TV, afirmou o seguinte: "Toda a minha vida eu nunca tive um relacionamento com alguém em que eu não pensasse: 'O que essa pessoa pode fazer por mim?' Os africanos, sem recursos, que nós veríamos apenas uma vez e nunca mais, deram-nos o melhor que eles tinham, sem hesitar. Isso mudou minha vida". O materialismo não é necessariamente óbvio.

O materialismo racionaliza

Nós sempre buscamos maneiras de explicar nossa ganância, mas Jesus não se convence. Racionalizar significa encontrar bons motivos para fazer o que você faria de qualquer maneira. Podemos ver isso em Judas, quando Maria ungiu Jesus com seu perfume caro. Judas queria que aquele dinheiro passasse pela caixinha para que ele pudesse tirar sua comissão. Judas aprovava esse tipo de generosidade, contanto que o dinheiro passasse pelo fundo geral, para que ele pudesse controlar o que acontecia, de acordo com os seus próprios interesses. Era simples assim, mas não foi apresentado assim. Foi apresentado como se estivessem privando os pobres do que eles poderiam receber: – *Por que este perfume não foi vendido por trezentos denários e o valor não foi dado aos pobres?* (Jo 12.5). Era o equivalente a um ano de salário. Era um sentimento muito louvável. Ou, como foi apresentado por outro discípulo, era um desperdício: – *Para que este desperdício?* (Mt 26.8). É também uma prática louvável evitar o desperdício. O próprio Jesus afirmou isso, quando mandou que os restos fossem recolhidos depois de alimentar os cinco mil. O argumento de Judas era plausível, e convenceu os outros.

É assim que funciona a motivação materialista: ela sempre tem boas razões na manga para justificar o que pretendíamos fazer de qualquer maneira. Precisamos pensar nas nossas famílias; devemos nos preparar para alguma eventualidade; temos que manter nosso status; as pessoas precisam aprender a trabalhar pelo que receberem. Não devemos, portanto, imaginar que, quando Judas resolveu entregar Jesus às autoridades, ele necessariamente via isso como traição. É extremamente provável, principalmente dada a sequência dos fatos, que ele tinha o que parecia ser um bom motivo para fazer o que fez.

Uma teoria amplamente disseminada é que Judas procurou as autoridades para forçar Jesus a agir, para fazê-lo usar seu poder e se instituir rei. Quando não funcionou conforme planejava, ele ficou transtornado e tentou consertar o estrago. Não existe, no Novo Testamento, a menor evidência que comprove essa teoria, mas ela demonstra o que Judas poderia ter pensado sobre o que fez de uma maneira que parecesse justificável. Se examinarmos a nós mesmos à procura de motivações materialistas, não devemos procurar por uma ganância gritante. Devemos olhar para algumas das coisas aparentemente boas ou sábias que fazemos ou dizemos e ir a fundo nelas, buscando o seu cerne materialista, como Jesus fez quando olhou para Judas. Ele sabia como era esse homem, embora ninguém mais o soubesse.

O materialismo corrompe

Quando Jesus quer nos limpar, o materialismo nos mantém sujos. Jesus lavou os pés de seus discípulos na sua última noite com eles. Enquanto fazia isso, ele disse: *"'E vocês estão limpos, mas não todos'. Pois ele sabia quem era o traidor. Foi por isso que disse: 'Nem todos estão limpos'"* (Jo 13.10s). Quando Jesus participa de qualquer um de nossos encontros, se existe materialismo lá, ele precisa dizer: "vocês não estão todos limpos". A limpeza exterior não adianta nada, a não ser que o coração, ou a personalidade interior, seja limpo, e ele não pode ser limpo enquanto for prisioneiro da cobiça. Jesus já havia dito a mesma coisa usando outras imagens. Os tesouros na terra se tornam a traça e a ferrugem que corrompem o coração que os cultiva. Na mesma passagem do Sermão do Monte, ele diz que o dinheiro ou o materialismo traz trevas à alma humana (Mt 6.19-23). Uma das coisas que me faz tremer é saber que o que fazemos com o dinheiro sempre faz alguma coisa conosco. Cada moeda que recebemos e cada moeda que gastamos tem um efeito sobre nós. Corrompe-nos ou enobrece-nos.

O materialismo escraviza

Lucas e João nos contam que, quando Judas decidiu entregar a Jesus, Satanás entrou nele, de modo que suas ações eram praticamente inevitáveis (Lc 22.3; Jo 13.2). Isso é verdade, não só em relação à cobiça, mas ao pecado em geral. Quanto mais frequentemente pecamos, mais o pecado nos domina. Jesus compara isso à escravidão. Você se lembra do Sermão do Monte? Você não pode servir a Deus e ao dinheiro (Mamom). Por quê? É impossível por causa do quanto cada um deles domina você. À medida que o materialismo avança, à medida que ele se torna mais importante do que outras coisas, nós começamos a pensar que podemos trabalhar ou trapacear até termos acumulado dinheiro suficiente; ou até que tenhamos conquistado uma relativa segurança. Então, nós pensamos, as coisas serão diferentes. Então poderemos relaxar e dedicar tempo a outras coisas. Isso não acontece. Qual é a coisa que mais vicia na vida? É o álcool? São as drogas? Eu acho que não. A coisa que mais vicia na vida é o dinheiro. Ele nos escraviza e nós não vemos. Ele age como uma droga. Nós nos viciamos, e são raros os momentos em que não queremos mais.

O materialismo distorce valores

O materialismo também confunde os valores. Jesus nos dá os valores certos. Infelizmente, nós não sabemos exatamente qual era o valor daquelas trinta moedas de prata. Existem duas possibilidades. Se fossem siclos, seriam o equivalente a mais ou menos o salário de 120 dias de trabalho. Se fossem denários, seriam o equivalente ao salário de 30 dias de trabalho para um soldado ou trabalhador. Então existem as duas possibilidades: no máximo 120 dias de trabalho, no mínimo, 30. De qualquer maneira, Jesus valia menos, para Judas, do que aquelas trinta moedas de prata. Compare, por outro lado, o custo do perfume, que valia 300 denários, um ano de salário para um trabalhador, que Maria gastou em um ato de amor, apenas para honrar e agradar seu amigo. Aquele ato de amor, Jesus elogiou, mas, para Judas, dinheiro e se dar bem era mais importante do que as pessoas. Ele estava pronto para sacrificar o inocente, até mesmo seu amigo, para chegar onde queria. E nós? E os nossos valores? Onde entram as pessoas e o dinheiro? Pode ser que nós não estejamos dispostos a trair nossos melhores amigos por trinta moedas de prata, mas quem e o que estaríamos dispostos a sacrificar pelo preço certo? A distorção de nossos valores acontece de maneira tão imperceptível que não percebemos como nos tornamos parecidos com Judas.

Existe uma história interessante por trás da pintura da Última Ceia, de Leonardo da Vinci. O artista havia pintado todos os discípulos, menos Judas, e precisava de alguém que servisse de modelo. Ele saiu procurado alguém em todos os piores lugares da cidade e, por fim, depois de alguns anos, encontrou um homem que era a encarnação dos marginais do mundo. Em seu rosto estavam estampados os efeitos do pecado; a culpa e o remorso pareciam estar escritos nele. Olhos furtivos e um olhar desonesto retratavam uma vida de engano e fraude. O artista pensou: "É este o homem". Então pediu que o homem viesse ao seu estúdio. Quando entrou, o homem olhou em volta. O lugar lhe parecia familiar. "Eu já estive aqui antes", ele disse. "Meu Deus! Eu sou o homem que posou para você como Cristo, há alguns anos; agora você me trouxe para ser Judas. É para isso que eu sirvo agora? Foi isso que eu me tornei?" A distorção dos valores acontece devagar.

O materialismo e Judas

O que fez Judas fazer aquilo? Nós não sabemos. Existe um fato, no entanto, que, mesmo que não seja verdade sobre Judas, é verdade sobre outras pessoas em situações parecidas. O nome "Iscariotes" poderia significar *Ish-Keriothe* ou "um homem de *Kerioth*", de modo que Judas seria o único não galileu dos Doze. Será que Judas se sentiu um estranho entre eles, e o dinheiro era a maneira que ele encontrou de ser compensado, de modo a elevá-lo aos seus próprios olhos, ou aos olhos dos outros? Será que, por se sentir diferente, precisava compensar seu sentimento com ganhos materiais? Nós não sabemos. O que sabemos é que o sentimento de exclusão já provocou isso em outros homens e mulheres, talvez em alguns de nós. Existem algumas pessoas que compensam um sentimento de inferioridade em algum aspecto mostrando que podem competir com suas roupas, com sua casa ou seu carro.

A figura de Judas, no entanto, embora terrivelmente triste, não é inteiramente má. Ele viu seu pecado. Sua consciência não estava completamente insensível, e quando ela não o deixou em paz, ele tentou fazer alguma coisa a respeito. Tentou pular fora. Recuou. Ele admitiu seu pecado: – *Pequei, traindo sangue inocente* (Mt 27.4). Mas ele se deparou com uma resposta dura. É sempre difícil sair de um suborno, pois existem dois lados envolvidos na história. A confissão de um deles é uma ameaça ao outro. Por isso Isaías disse: *... quem se desvia do mal é tratado como presa* (Isaías 59.15). Ele se expõe para ser devorado pelos outros. Existem pessoas, tanto na vida privada quanto na pública que, se seguissem suas consciências, renunciariam. Elas pensaram muitas vezes nisso, mas se fizessem alguma coisa, envolveriam outras pessoas. É muito difícil. Algumas dessas pessoas são piores do que Judas: ainda estão com o dinheiro; ainda estão na posição e gozam dos favores decorrentes. Judas fez duas coisas tremendas: ele admitiu seu crime e devolveu o dinheiro. Embora as autoridades não cooperassem e não aceitassem o dinheiro, Judas não ficou com ele. Em vez disso, atirou-o ao chão, foi embora e tirou a própria vida. Trágico!

Isso nunca precisaria ter acontecido. Jesus fez de tudo para levar Judas por um outro caminho. Ele o chamou de "amigo", e era sincero. Ele o fez um dos Doze, chamou-o de "escolhido", embora soubesse do que ele era capaz desde o começo; deu a ele uma responsabilidade, fez dele o tesoureiro do grupo. O que nós teríamos feito? Estabeleceríamos uma auditoria para ter certeza de que o dinheiro não pudesse ser roubado da bolsa? Jesus confiou a esse homem o dinheiro, embora soubesse como ele era. Jesus lavou os seus pés quando lavou os pés dos outros, deu-lhe um lugar de honra à sua esquerda na Santa Ceia e deu-lhe o pão molhado no prato como um sinal de amizade. O tempo todo, Jesus estava tentando trazer de volta esse homem, Judas. "Saia de onde você está e venha para mim. Judas, meu amigo, eu o amo. Eu o aceito. Você pode ser diferente". Ao contrário, Judas saiu para a noite de suas próprias ações, uma noite de solidão e isolamento.

A tragédia é que Judas nunca viu a Cruz. Ele só ouviu falar que ela aconteceria e não achou que fosse uma boa ideia. Ele não a viu, não a entendeu e tirou sua própria vida antes de tomar conhecimento da expiação. Que tragédia! O ladrão morrendo na cruz, tão mau quanto Judas, ouviu Jesus dizer: *"– Em verdade lhe digo que hoje você estará comigo no paraíso"* (Lc 23.43). Pedro, que depois da Cruz tinha sido tão mau quanto Judas, ouviu Jesus dizer: *"– Simão, filho de João, você me amas mais do que estes outros me amam? [...] – Apascente os meus cordeiros"* (Jo 21.15). Mas esse homem, Judas, tirou sua própria vida antes que a Cruz tivesse agido, antes de entender seu significado, e morreu no isolamento e no remorso. Podemos ver na Cruz, então, o que o materialismo fez para um dos doze amigos de Jesus. O homem que podia vir e beijar Jesus, que podia fazer isso com naturalidade, foi quem o entregou. E nós? E a Igreja Cristã representada por nós? Quão materialista é a Igreja?

Suponho que a resposta a essa pergunta é que a Igreja é tão materialista quanto a soma do materialismo de seus membros. E, se somos materialistas, estamos atrapalhando os propósitos de Deus para sua Igreja? Tenho certeza de que sim. Então, precisamos fazer a nós mesmos aquela mesma pergunta do nosso amigo Judas: *– Por acaso sou eu, Mestre?* (Mt 26.25). Jesus foi ferido na casa de seu amigo materialista, mas morreu por seu amigo Judas, por todos os 8,5 por cento do círculo mais próximo de discípulos, seus amigos, e por todo o número maior de pessoas relacionadas a ele que se veem em Judas. Para conhecer o perdão, precisamos acrescentar só uma coisa que Judas falhou em fazer. Ele confessou, ele devolveu, mas nunca conseguiu acreditar e aceitar o perdão e a reconciliação que vem com ele. Vamos orar para que nós consigamos.

3
A negação de Pedro

Enquanto Jesus estava no centro da cena, enfrentando Caifás, Pilatos e Herodes, Pedro esperava nos bastidores, observando, um ator que ainda não havia entrado em cena. Pedro ficou lá, tentando decidir que papel interpretar. Os cristãos se identificam mais intimamente com Pedro do que com qualquer outro personagem do Novo Testamento e, curiosamente, tendem a se identificar com ele não em seus pontos fortes, mas em suas idiossincrasias e fraquezas. Talvez seja por isso que ele esteja lá, no drama da Cruz. Nós nos identificamos com ele especialmente na cena do julgamento e na sua negação de Jesus. Sabemos que poderia ter sido um de nós. Talvez saibamos que já fomos nós. A questão era se ele se identificaria como um dos de Jesus na companhia de pessoas estranhas e hostis.

Pedro estava no pátio quando

> *veio uma das empregadas do sumo sacerdote e, vendo Pedro, que se aquecia, fixou os olhos nele e disse: – Você também estava com Jesus, o Nazareno. Mas ele negou, dizendo: – Não o conheço, nem compreendo o que você está falando. E saiu para o pórtico. E o galo cantou. E a empregada, vendo-o, tornou a dizer aos*

que estavam ali: — Este é um deles. Mas ele negou outra vez. E, pouco depois, os que estavam ali disseram outra vez a Pedro: — Com certeza você é um deles, porque também é galileu. Ele, porém, começou a praguejar e a jurar: — Não conheço esse homem de quem vocês estão falando! (Mc 14.66-71).

Sim, mude a época e o lugar, e poderia ter sido um de nós. Nós nos identificamos com Pedro em sua negação. Ficamos felizes com o fato de ele ter participado dos eventos que conduziram ao Calvário, porque, se ele esteve lá e sobreviveu, talvez nós também possamos.

Maus presságios

Negar Jesus é uma questão real para todos nós, e devemos enfrentar essa questão, para o nosso próprio bem. Como a negação surgiu? Ela surgiu de duas avaliações conflitantes de Pedro. A história começa com Jesus avaliando seus discípulos, e particularmente Pedro. Na Última Ceia,

> E Jesus disse aos discípulos: "— Serei uma pedra de tropeço para todos vocês, porque está escrito: 'Ferirei o pastor, e as ovelhas ficarão dispersas' [...] Então Pedro disse a Jesus: — Ainda que o senhor venha a ser um tropeço para todos, não o será para mim! Mas Jesus lhe disse: "— Em verdade lhe digo que hoje, nesta noite, antes que o galo cante duas vezes, você me negará três vezes". Mas Pedro insistia com mais veemência: — Ainda que me seja necessário morrer com o senhor, de modo nenhum o negarei (Mc 14.27-31).

Então nós temos duas avaliações de Pedro: a de Jesus, a verdadeira, como os eventos mostraram, e a do próprio Pedro, a falsa.

Essa não foi a primeira vez que Pedro demonstrou sua autoconfiança sem que ninguém perguntasse. Bem no começo, no mar da Galileia, Jesus encontrou os discípulos, que tinham trabalhado a noite inteira sem pegar nada. Ele lhes disse que voltassem para o mar em plena luz do dia e jogassem as redes do lado direito do barco. A resposta interior de Pedro foi: "Isso é estúpido. Nós entendemos de pesca, você não". O que ele de fato dis-

3 — A negação de Pedro

se foi: *... sob esta sua palavra, lançarei as redes* (Lc 5.5). Para sua surpresa, Jesus estava certo, e Pedro teve que recuar e, com um nó no estômago, dar o braço a torcer.

Mesmo depois de ter feito sua famosa confissão a Cristo, a autoconfiança de Pedro o levou a ter problemas. Jesus tinha predito, no começo, que ele era Simão, filho de João, mas que se tornaria Pedro, uma rocha. Agora, depois de sua confissão, Jesus disse que ele havia de fato se tornado Pedro. Então, gentilmente, começou a explicar que tinha que subir a Jerusalém para ser crucificado. Pedro protestou veementemente. Jesus disse a ele: "Pedro, o que eu estou dizendo está certo. O que você está dizendo está errado. Mais do que errado, é satânico" (Mt 16.23).

Novamente, quando os coletores de impostos do templo vieram a Pedro e perguntaram: — *O Mestre de vocês não paga as duas dracmas?* (Mt 17.24), Pedro, que não era homem de ficar sem resposta, respondeu, sem pestanejar: "Claro". Jesus teve que prová-lo por causa de sua presunção, e arranjar uma maneira de resolver a questão (Mt 17.24-27).

Isso já estava se tornando um padrão: Jesus certo, Pedro errado. Era quase como se Pedro estivesse contando antes da hora com a promessa de Jesus de que ele seria "Pedro". Talvez isso lhe tivesse subido à cabeça.

Na noite da Última Ceia ele ainda estava autoconfiante, acreditando ser algo que apenas existia na sua cabeça. Todos nós fazemos isso. Acreditamos ser pessoas que achamos que somos. Autoconfiança baseada em uma avaliação falsa de si mesmo, então, levou Pedro a problemas na noite anterior ao Calvário.

A atração da isca

Foi uma noite e tanto. No jardim, ele adormeceu. Ele foi avisado: *"— Então nem uma hora vocês puderam vigiar comigo?"* (Mt 26.40). Quase dá para ouvir as entrelinhas: "Como você vai evitar me negar quando não consegue nem ficar acordado?" Então, fiel à sua personalidade, quando os soldados vieram prender Jesus, Pedro sacou sua espada para defender Jesus e, com um golpe, cortou a orelha do servo do sumo sacerdote. Ele ainda estava no modo autoconfiante e, obviamente, ficou transtornado quando Jesus interveio e disse que essa não era uma hora para espadas. Quando nove dos discípulos o abandonaram e fugiram, Pedro ficou firme e o seguiu à distância. Sua presença ali demonstra que ainda achava que sua avaliação de si mesmo fosse a verdadeira. Ele foi sincero no que disse. Não tinha intenção alguma de negar Jesus, muito pelo contrário. Precisamos lhe dar total crédito por isso.

Ele deveria estar lá? Em geral, Jesus havia lhes ensinado: "Quando forem perseguidos em uma cidade, fujam para outra". Em particular, Jesus havia predito naquela noite: "Vocês serão dispersos". Mas Pedro não era do tipo que seria disperso. Ele seguiu. Quais eram suas opções? Deveria estar lá, mas permanecer discreto e despercebido como João? Estar lá e anunciar de forma clara que pertencia a Jesus? Ou deveria estar lá e admitir sua conexão apenas se lhe perguntassem? É difícil responder a essa pergunta, mas é importante, não só para chegarmos a um veredito sobre Pedro, mas também sobre nós mesmos.

Já ficou claro que o que o conduziu até essa situação foi uma opinião persistente, mas injustificada, que ele tinha de si. Onde foi que ele errou? Claramente, Pedro não estava se beneficiando do passado tanto quanto poderia; ele não estava registrando seus erros e corrigindo-os. Ainda acreditava ser a pessoa que imaginava ser. Ele não estava observando com atenção as evidências difíceis da sua vida.

Pedro confundiu o que ele era quando estava sozinho com o que era na companhia dos outros; o que era entre amigos com o que era entre estranhos; o que era com iguais, como os discípulos, com o que ele seria com pessoas socialmente superiores. Nós todos podemos ser duas pessoas diferentes dependendo da relação em que estamos, se ela é de baixo para cima ou de cima para baixo. Mas o mais importante é que Pedro confundiu o que era no discurso com o que ele era na prática. A isca, o seu desejo de se sobressair, seduziu-o e o atraiu para a armadilha que estava esperando por ele.

Ele não foi o primeiro, nem será o último, a ter autoconfiança demais. Isso parece quase uma regra na Bíblia. José tinha sonhos grandiosos sobre si mesmo antes da disciplina da longa prisão tê-lo transformado no homem que Deus queria que ele fosse. Moisés iria corrigir, sozinho, os erros dos seus conterrâneos. Mas seu plano grandioso conduziu-o a quarenta anos de espera no deserto antes de estar pronto. Para alguns, é uma etapa pela qual precisamos passar, para perder a confiança em nós mesmos de maneira que possamos colocá-la em Deus.

O caçador

Existe um fator escondido no teste de personalidade pelo qual Pedro estava passando. Jesus revelou isso na Santa Ceia, quando afirmou: *"– Simão, Simão, eis que Satanás pediu para peneirar vocês como trigo! Eu, porém, orei por você, para que a sua fé não desfaleça."* (Lc 22.31s). Paulo fala da cilada do Diabo. Havia um caçador preparando armadilhas nos eventos daquela noite, transformando-a em uma caçada primitiva. Infelizmente, Pedro já tinha dado a Satanás uma posição em sua personalidade pelo alto conceito que tinha da sua habilidade em aguentar firme. Isso o enfraqueceu na crise.

Preparando a armadilha

Como isso aconteceu? Pedro começou bem naquela noite, determinado a seguir Jesus. Ele estava se esforçando para manter sua palavra. Não há dúvida de que ele ficou ali, do lado da fogueira, com os dentes apertados, reunindo toda a sua coragem. Ele seria leal. Então, antes que percebesse o que estava acontecendo, ele estava negando Jesus, e de uma maneira grosseira. O que o fez atingir seu limite? Ele estava fora da sua zona de conforto, Pedro, um pescador, pobre, na elegante casa de Caifás e da família mais rica do país? Seguir Jesus tinha sido uma vida difícil, e daquele contexto ele se viu no luxuoso palácio do sumo sacerdote. Ele estava deslumbrado? Estava estupefato pelo esplendor? Estava sem fôlego diante do luxo? O contraste com tudo o que ele conhecia o desanimou? Nós não sabemos. Sabemos, no entanto, que o ambiente já nos afetou algumas vezes. Quando somos repentinamente levados do nosso passado de origem humilde para a riqueza e o status, temos nos surpreendido ao esquecer rapidamente a quem nós pertencemos e a quem servimos. Vi isso acontecer na África, quando estudantes saíram do contexto relativamente pobre no qual cursaram sua escola secundária, para uma universidade bem subsidiada, e a bolsa para o ano inteiro foi entregue a eles na primeira semana. Sim, um novo ambiente pode fazer isso.

Ou será que Pedro estava apenas assustado, com medo do que lhe aconteceria se fosse preso também? De repente, percebeu que as autoridades poderiam fazer com ele o que estavam fazendo com Jesus? Nós não sabemos, mas sabemos que outras pessoas já se recusaram a ser identificadas como discípulos de Jesus por medo das consequências.

Será que foi um sentimento de isolamento? Ele estava lá, naquele amplo conselho dos homens mais ricos, mais instruídos, mais influentes e mais religiosos do país. Todos eles pareciam estar condenando Jesus. Opiniões eram lançadas ao redor da fogueira pelos servos. "Eles devem saber o que dizem", ele deve ter pensado. Pareciam unânimes. Não podiam estar todos errados. Talvez tenha pensado: "É melhor eu me manter seguro e acompanhá-los". Será que ele ficou intimidado pela maioria? Não podemos ter certeza, mas sabemos que a opinião da maioria afeta os outros; que quando são parte da minoria e outros parecem mais instruídos, melhor informados, mais experientes, denegrindo Jesus Cristo, preferem garantir sua segurança.

Ou foi vergonha? Jesus estava desfigurado naquela noite. Ele estava tendo momentos difíceis. Suas mãos estavam amarradas. Talvez seus pés também estivessem. Seu poder parecia ter sumido. Ele não tinha nada a dizer. Estava sem fala. Parecia tão fraco e ineficaz. Talvez Pedro tenha pensado: "Não pode ser a mesma pessoa. Eu me enganei. Ele é só um ser humano, menos corajoso e com menos percepção até do que eu nessa noite". Foi a desilusão que o fez virar a casaca? Talvez não tenha sido por ele, mas pelos outros. Em certas circunstâncias, tudo o que tem a ver com Jesus às vezes parece tão fraco, sem graça e ineficaz que não queremos mais ser associados a ele. Negamos a conexão por ação ou por omissão.

Ou será que foi algo mais sutil? Havia uma empregada na história, uma garota. Ela era bonita de rosto, ou de corpo? Era o tipo de mulher que fazia o sangue dele ferver? De repente, ele se apaixonou de uma maneira que todo o resto pareceu perder a importância? Era importante que ele não fosse um seguidor de Jesus, já que Jesus tinha padrões morais tão altos? Será que isso armou a armadilha? Não sabemos, mas sabemos que tal tentação já fez outros se esquecerem, de repente, que eram cristãos.

Ou foi apenas prevaricação? Será que ele queria enrolar agora para ganhar tempo depois? Estava pensando que, se conseguisse ficar por perto agora, talvez pudesse ajudar depois? Estamos fazendo suposições. Não sabemos, mas estamos supondo dentro das possibilidades que o caso nos oferece. A Bíblia não satisfaz nossa curiosidade. Por quê? No final das contas, o que importa é que ele se recusou a ser identificado com Jesus, qualquer que tenha sido a razão ou a desculpa. Foi errado, terrivelmente errado fazer isso. Independentemente do que tenha disparado a armadilha, ele não deveria ter chegado tão perto, ou deveria ter tomado os devidos cuidados para evitá-la. A moral dessa história é que, para qualquer pessoa que conheça Jesus nunca existe qualquer motivo válido para negá-lo.

A dor da cilada

O galo cantou. Pedro havia negado seu Mestre três vezes. Ele caiu na armadilha, exatamente como Jesus previra. Novamente, Jesus estava certo sobre ele, e ele estava errado. Ele caiu em prantos e chorou amargamente. Como se sentiu desamparado, e como, de fato, estava desamparado. Muitos de nós, homens e mulheres, que recriminamos Pedro, nunca nos aprofundamos nessa história. Nós negamos Jesus, mas nunca choramos por isso.

Henry Drummond disse, a respeito desse versículo: "Que isso silencie para sempre todos os que diminuem o valor da emoção na religião. Religião sem emoção é religião sem reflexão".

Libertação abençoada

A história de Pedro termina com uma experiência de limpeza. A sequência dos fatos nos mostra a esperança nessa situação. Judas morreu antes de ver a Cruz. Pedro nos conta que ele foi uma testemunha ocular do sofrimento de Jesus (1Pe 5.1). Ele não fugiu, mesmo depois do seu fracasso. Dois ficaram ao pé da Cruz: Pedro e João. Quando Jesus ressuscitou dos mortos foi uma história maravilhosa para Pedro! O anjo disse à mulher: *Mas vão e digam aos discípulos dele e a Pedro...* (Mc 16.7).

Depois, o próprio Jesus veio a Pedro junto ao lago e, no diálogo mais delicado de toda a Bíblia, recriou a cena que Pedro já conhecia. Sem palavras, ele estava dizendo: "Que tal voltar ao caminho, Pedro?" No começo do seu ministério, havia acontecido a grande pesca, já mencionada, depois de eles terem trabalhado a noite inteira sem pegar nada. Agora, no final, Jesus simplesmente recriou a cena, e Pedro começou a reagir. Ele pulou do barco e correu quando João lhe contou que era o Senhor! Pedro queria estar com ele. Sua negação tinha sido terrível, mas não foi o fim. Ali estava ele, diante de Jesus, e Jesus dá a Pedro três oportunidades de afirmá-lo e apagar cada uma das vezes que ele havia o negado. *"– Simão, filho de João, você me ama mais do que estes outros me amam?" Ele respondeu: – Sim, o Senhor sabe que eu o amo. [...] "– Simão, filho de João, você me ama?" Ele respondeu: – Sim, o Senhor sabe que eu o amo* (Jo 21.15s). E uma terceira vez. Então Jesus restaurou Pedro, transformando-o no mais ousado dos apóstolos. O milagre era que Jesus ainda acreditava no potencial de Pedro, mesmo depois de este ter errado tão feio com ele. Posso imaginar que o Salmo 124 tivesse se transformado em um dos favoritos de Pedro:

3 — A negação de Pedro

Bendito seja o SENHOR, que não nos deu por presa aos dentes deles [dos nossos inimigos]. A nossa alma foi salva, como um pássaro do laço dos passarinheiros; rompeu-se o laço, e nós nos vimos livres. O nosso socorro está no nome do SENHOR, que fez o céu e a terra. (Sl 124.6-8)

O que o comportamento de Pedro nos diz? Quais são as pressões que nos tornam frios em vez de quentes em relação a Jesus? Que fazem diminuir nossa "cristandade" em nossos lares, no trabalho ou nas nossas atividades de lazer? Basicamente, resume-se à nossa autoimagem. Alguns de nós caímos na mesma armadilha que Pedro, diminuindo nossa identificação com Jesus por nossas próprias razões. Queira Deus que o rosto do Cristo desapontado possa tocar fundo em nossos corações. A Cruz em que Jesus morreu é o antídoto para a imagem indesejável que temos de nós mesmos.

Eu tenho problemas com a maneira pela qual cristãos estão usando palavras com a expressão "auto": autoestima, autoconfiança, autovalorização. Só existem duas palavras com "auto" que cabem no quadro do Novo Testamento. Uma é "autocontrole". A outra é "autonegação". Ela fala de um "velho eu", que precisa morrer, e de um "novo eu", no qual Deus pode nos transformar. Foi isso que Pedro descobriu. Ele disse isso em sua carta. *Bendito seja o Deus e Pai de nosso Senhor Jesus Cristo, que, segundo a sua grande misericórdia, nos regenerou para uma viva esperança, mediante a ressurreição de Jesus Cristo dentre os mortos...* (1Pe 1.3).

Existe um lugar para a confiança, mas a nossa confiança tem que estar em Cristo: *Tudo posso naquele que me fortalece* (Fp 4.13). A confiança que nós temos está em Cristo, que habita em nós, que nos capacita, que nos fortalece e nos molda para cada situação com a qual somos confrontados. Ao olharmos para Pedro e vermos a destruição de sua autoconfiança, da sua arrogância, do seu orgulho, nós mesmos chegamos aos pés daquela Cruz para descobrir como podemos encontrar força, não em nós mesmos, mas naquele que nos amou e se entregou por nós.

4
O nepotismo de Caifás

O principal ator do julgamento de Jesus, tanto nos bastidores quanto no centro do palco, era o Sumo Sacerdote, Caifás. Sua tragédia foi o nepotismo. A palavra "nepotismo" vem do latim *nepotes*, que significa sobrinhos. Ela surgiu na Idade Média, quando foi aplicada aos chamados "sobrinhos" do Papa – seus filhos ilegítimos que recebiam lugares de destaque na vida pública. Depois, a palavra nepotismo veio a significar favoritismo aos parentes em cargos públicos, e tem aparecido na política de todos os países. "Irmanização" é a tradução da palavra usada para descrever nepotismo em alguns idiomas.

O livro *Corruption in Developing Countries* ("A corrupção nos países em desenvolvimento"), de Wraithe e Simpkins, escrito em 1963, aponta o dedo para a Grã-Bretanha da época:

> *As instituições britânicas operam manifestadamente em favor de certas pessoas e, quase tão claramente, não em benefício de outras. Por que, por exemplo, treze de nossos primeiros ministros, e aproximadamente o mesmo número de secretários exteriores e chanceleres, são descendentes de Sir George Villiers, um aristocrata elisabetano? Por que tantos ministros de gabinete, bispos, juízes e*

diretores gerais vêm de um grupo tão pequeno de escolas públicas? Na época de Walpole, pouco tempo depois do escocês Lorde Bute ter se tornado primeiro ministro, podia-se encontrar sessenta e três Macs, vinte e cinco Campbells, um sem número de Hamiltons, e muitos outros de descendência escocesa nas listas de aposentadoria.

Atualmente, o nepotismo não existe apenas nos países do Terceiro Mundo, mas faz parte da vida de todos os países.

Existe um lado bom do nepotismo: sua origem é muito natural. Cuidar de sua própria família é natural. O sangue é mais denso do que a água. Paulo diz a Timóteo: *Se alguém não tem cuidado dos seus e, especialmente, dos da própria casa, esse negou a fé e é pior do que o descrente* (1Tm 5.8). Somos estabelecidos em famílias por Deus, com o propósito específico de ajudarmos uns aos outros. Todos têm o dever de, com seus próprios meios, cuidar de seus parentes e ajudá-los da melhor maneira que puderem. O problema com o nepotismo começa quando alguém usa sua função pública, dinheiro público ou seus poderes de empregador para ajudar parentes que, às vezes, definitivamente, não são os destituídos a quem Paulo se refere. O nepotismo é especialmente errado quando a parcialidade em relação à sua família, clã ou tribo exclui outros mais competentes e mais habilidosos. A pergunta a fazer, então, é se o nepotismo é bom ou ruim e, sendo ruim, se deve ou não ser tolerado. Para obtermos essa resposta, podemos olhar para a vida de Jesus Cristo, especialmente para a Cruz e o papel desempenhado por Caifás, o sumo sacerdote e principal articulador da conspiração para prender Jesus.

A família de Anás

Para começar, vamos dar uma olhada na história do nepotismo na família de Caifás. O relato que João faz da prisão de Jesus menciona Caifás e seu sogro, Anás. ... *os guardas dos judeus prenderam Jesus e o amarraram. Então o levaram primeiramente a Anás, sogro de Caifás, sumo sacerdote naquele ano*

(Jo 18.12s). Esse velho Anás é a pessoa em quem devemos nos concentrar. Ele aparece novamente em uma frase meio estranha, quando os saduceus estavam perseguindo os primeiros cristãos por pregarem a ressurreição: *No dia seguinte, as autoridades, os anciãos e os escribas se reuniram em Jerusalém com o sumo sacerdote Anás, com Caifás, João, Alexandre e todos os que eram da linhagem do sumo sacerdote* (At 4.5s).

Aqui Anás é chamado de sumo sacerdote, embora seu tempo de serviço já tivesse se encerrado. A explicação é a seguinte: a função de sumo sacerdote era normalmente vitalícia. Herodes, o Grande, mudou isso, convocando e dispensando o sumo sacerdote conforme sua vontade. Quando a Judeia se tornou uma província romana, os governadores romanos adotaram o mesmo costume. Anás foi nomeado pelo governador romano no ano 7 d.C. Ele permaneceu no cargo por apenas sete anos, e foi então dispensado pelo governador seguinte, Valério Grato. Não era fácil, no entanto, livrar-se de Anás, e esse mesmo Valério Grato dançou conforme sua música dois anos depois, quando nomeou o filho de Anás, Eleazar, para o cargo político mais elevado para os judeus.

Aparentemente, Eleazar não agradou aos Romanos, pois foi deposto um ano depois. Mas a família de Anás deu o troco. Depois de mais um ano, quando seu substituto foi deposto, Caifás, o genro de Anás, foi nomeado. Parece que ele agradou aos Romanos, pois permaneceu dezoito anos no cargo, até 36 d.C. Era ele que exercia a função quando Pilatos veio a ser governador, e podemos ver pelos Evangelhos quão bem Caifás lidava com ele. Mas este não foi o fim da história. Depois de Caifás, outros quatro filhos de Anás foram feitos sumo sacerdotes: Jônatas e Teófilo, em sucessões rápidas em 36 d.C., Matias em 42-43 d.C., e Anás, o Jovem, em 63 d.C. Flávio Josefo, historiador judeu, relatou a história da seguinte maneira:

> *Dizem que esse ancião foi muito afortunado, pois teve cinco filhos, e todos eles acabaram ocupando o cargo de sumo sacerdote de Deus, e ele mesmo tinha desfrutado dessa dignidade muito tempo antes. Isso nunca tinha acontecido com nenhum dos outros sumo sacerdotes. (Jos.Ant. xx:ix:1)*

Que família poderosa eles eram! Cada vez que um governador romano dispensava um, a família se reunia e arquitetava até conseguir colocar outro membro da família no cargo. O cérebro por trás de tudo era o velho Anás. Tendo, ele mesmo, cinco filhos e um genro no cargo, dominou a política judaica por meio século. De acordo com Mateus, mesmo as reuniões do conselho aconteciam na casa do sumo sacerdote, em vez do lugar tradicional de encontro, a Câmara da Pedra Talhada. Mais uma evidência de que o Conselho estava no bolso deste homem.

Qual era o segredo do poder desse homem e de sua família? Não existe muita dúvida de que era a sua riqueza. Josefo diz que Anás era um grande acumulador de dinheiro. Naturalmente, como sumo sacerdotes, a família tinha o controle das finanças do templo. Mesmo nas épocas em que os negócios do templo eram conduzidos honestamente, a renda dos sacerdotes era considerável, proveniente dos impostos do templo e dos sacrifícios, que eram autorizados a consumir ou vender.

Jim Bishop, em *O dia em que Cristo morreu* (Itinerário, 1960; original de 1957), dá uma ideia de quanto um sumo sacerdote ganhava. Se calcularmos em relação aos valores atuais (2005), poderíamos afirmar com relativa convicção que, contando os impostos do templo e os sacrifícios, o sumo sacerdote tinha uma renda de aproximadamente R$ 50 milhões por ano. Mas isso não era o suficiente. Essa família astuta inventava outras fontes lucrativas de renda. Os cambistas, conforme o cálculo que Edersheim faz em *Life and times of Jesus* ("Vida e época de Jesus"), recebiam cerca de 12,5 por cento no câmbio entre moedas. Isso somaria algo na casa dos R$ 15,2 milhões. Depois, havia as taxas de inspeção, cerca de R$15,70 por animal. Nos "bazares dos filhos de Anás", como eram chamados, vendiam-se animais para as pessoas que não tinham como trazê-los para os sacrifícios. O mercado do templo e os bazares dos filhos de Anás eram a mesma coisa, afirma Edersheim. Nas épocas das festas, os preços provavelmente ficavam em torno de R$ 130,00 por dois pombos. Certa vez, antes do grande Hillel, o Ancião, os preços baixaram no final da tarde para quase dois por cento desse valor. Foi uma confusão terrível! Não é de se admirar que as pessoas odiassem os filhos de Anás.

O Talmude, o grande livro judeu, registra até uma maldição sobre eles. "Ai dos filhos de Anás, eles mesmos sumo sacerdotes, seus filhos tesoureiros, seus genros tesoureiros assistentes, enquanto seus servos batem nas pessoas com varas." Essa imagem forte pinta o cenário para o julgamento e a morte de Jesus. Não é um quadro bonito, mas algumas coisas ficam bem mais claras quando ficamos conhecendo melhor essa família.

O nepotismo é imediatista

O primeiro encontro entre Jesus e Caifás mostra que o nepotismo, ou o excesso de concentração na família em detrimento de outros, é imediatista. É uma visão do aqui e agora. O conselho dos anciãos foi convocado porque muitas pessoas, pessoas demais, acreditavam em Jesus. Eles tinham medo de que isso levasse o povo à revolta e à intervenção pelos romanos, que tirariam deles seu lugar e sua nação.

> *Mas um deles, Caifás, que era sumo sacerdote naquele ano, advertiu-os, dizendo: — Vocês não sabem nada, nem entendem que é melhor para vocês que morra um só homem pelo povo e que não venha a perecer toda a nação. [...] Desde aquele dia, resolveram matar Jesus. (Jo 11.49,53)*

O que engatilhou essa declaração, no entanto, foi a ressurreição de Lázaro. Os saduceus não acreditavam na ressurreição. A ressurreição de Lázaro os forçou à ação. O problema não era só que as pessoas acreditavam em Jesus; era que a ressurreição tinha sido demonstrada como uma possibilidade real. A única pergunta que os saduceus fizeram a Jesus durante a semana da Páscoa foi sobre a ressurreição. Eles apontaram um caso de uma mulher que tinha ficado viúva sete vezes e, a cada vez, casado com outro irmão. *Portanto, na ressurreição, de qual deles a mulher será esposa?* (Lc 20.33), perguntaram. Essa pergunta era um truque de um saduceu. Segundo a visão deles, não havia vida após a morte, então ela não poderia ser esposa de ninguém. A resposta de Jesus foi que os laços de família não continuam da mesma maneira na ressurreição. Não haveria casamento, nem se dar em casamento, ele disse, mas a ressurreição existe.

Mesmo depois da crucificação, quando estavam selando a pedra, os chefes dos sacerdotes estavam preocupados com a ressurreição. Eles deram dinheiro às autoridades e disseram: *Portanto, mande que o túmulo seja guardado com segurança até o terceiro dia, para que não aconteça que, vindo os discípulos dele, o roubem e depois digam ao povo: "Ressuscitou dos mortos". E este último engano será pior do que o primeiro* (Mt 27.64). Qual era esse último embuste? Que Jesus havia ressuscitado. Não era uma mentira, mas era fatal, tanto para o credo dos saduceus quanto para sua prática nepotista, caso a verdade da ressurreição se tornasse conhecida.

Pensar sobre a ressurreição e a vida após a morte transforma o nepotismo, essa superconcentração na família, em uma grande besteira. Jesus ilustra isso com o contraste entre os destinos do homem rico e de outro homem pobre, Lázaro. Depois da morte, o homem rico queria enviar alguém de volta, para que avisasse os da casa de seu pai que não vivessem para si mesmos e, assim, terminassem como ele, no inferno. Ele estava atormentado, completamente sozinho no final. O outro, o pobre Lázaro, costumava ficar no portão da casa do homem rico, pedindo esmolas, pois não tinha ninguém que cuidasse dele nessa vida. Ele agora estava com o Pai Abraão e a família de Deus na outra vida.

Nepotismo é um dos grandes retrocessos na África, por causa da tradicional visão de mundo deles. Qualquer homem que conquiste um lugar de importância na política ou nos negócios será cercado de familiares e amigos esperando confiantemente que ele os apadrinhe. A tradição centenária não deixa dúvidas de que ele irá cuidar deles, e que, se não existirem empregos, estes serão criados. A pessoa pode até entender a questão legal, mas é difícil explicar isso a seus parentes. Consequentemente, a vida dos ministros de governo e de outras pessoas em cargos importantes é oprimida por reclamações e demandas crescentes, enquanto eles se veem presos na rede das obrigações familiares. Ministros de governo da Nigéria e de Gana já me contaram, deprimidos, que cerca de metade do tempo na vida de um ministro parece consistir em conseguir empregos para as pessoas, até mesmo como mensageiros e faxineiros.

Um dos motivos para isso é a visão africana da vida após a morte. O africano, tradicionalmente, vê três tipos de existência: os vivos, os mortos e os não nascidos. Isso está intimamente ligado à terra e ao que acontece nesta vida. Eles veem a vida após a morte como povoada por espíritos dos que já morreram e que ainda estão cuidando dos assuntos de família aqui na terra. Eles estimulam as pessoas ou as atrapalham, dependendo do que estas pessoas fizeram em prol do seu clã ou da sua família. Não é surpresa que seja quase impossível combater o nepotismo na África. Não é apenas uma questão de ajudar sua família; faz parte de toda uma visão da realidade. Ninguém é sincero consigo mesmo a não ser que esteja contribuindo para o bem de seu clã: dos vivos, dos mortos e dos que ainda não nasceram.

Os ensinamentos de Jesus a respeito da família, no entanto, reconhecem os deveres e as obrigações, mas colocam a lealdade à família depois da lealdade a ele e a tudo o que ele representa. Jesus vê a família de Deus como formada, em primeiro lugar, não pelos parentes das pessoas, mas por aqueles que fazem a vontade de Deus. Ele ensina a ressurreição de todos, os que fizeram o bem, independentemente da sua família, e os que fizeram o mal, independentemente da sua família. A resposta a essa atitude nepotista imediatista, preocupada com o aqui e o agora, é seguir os ensinamentos de Jesus – quem faz a vontade de seu Pai no céu é seu irmão, sua irmã e sua mãe (Mt 12.50). Nesse sentido, nós agimos como se estivéssemos todos caminhando rumo à ressurreição.

Nepotismo envolve manipulação financeira

O segundo encontro de Caifás e sua família com Jesus, veio com a purificação do templo. Os bazares dos filhos de Anás eram o alvo na ocasião em que Jesus virou as mesas dos cambistas e expulsou as pessoas que vendiam pombos a preços exuberantes (Mt 21.12s). Como ele estava certo quando descreveu o lugar como um "covil de ladrões". Você já percebeu como os filhos de Anás usaram o dinheiro para comprar sua vingança? Eles compraram Judas por trinta moedas de prata; contrataram pessoas para encenar a prisão no jardim; subornaram testemunhas falsas no julgamento (Mt 26.15,47,59); deram grandes subornos aos soldados para que dissessem que os discípulos haviam roubado o corpo. Garantiram aos soldados: *E, se isto chegar ao conhecimento do governador, nós o convenceremos e faremos com que vocês não tenham maiores preocupações. Os soldados receberam o dinheiro e fizeram como tinham sido instruídos* (Mt 28.14s). O nepotismo usa o dinheiro para conseguir o que quer. Isso levou à cruz de Jesus Cristo. Caifás, cinicamente, declarou *aos judeus ser conveniente morrer um homem pelo povo* (Jo 18.14).

O nepotismo viola as leis

O nepotismo joga irresponsavelmente com as leis, as regras, as políticas e a própria justiça. O julgamento irregular de Jesus desprezou e distorceu a justiça, e a culpa é de Caifás. Casos de pena de morte deveriam ser julgados durante o dia e o veredito deveria ser dado durante o dia, mas o julgamento de Jesus aconteceu à noite. Não era legal que o conselho se reunisse na véspera do Sábado ou durante um feriado, mas eles claramente fizeram isso na ocasião. Não poderia haver um caso sem que duas testemunhas concordassem, mas é explicitamente dito que não havia duas testemunhas que concordassem. Nenhum homem poderia ser condenado pelo seu próprio testemunho, mas Jesus foi condenado pelo seu próprio testemunho. Não se poderia condenar alguém à morte no mesmo dia do seu julgamento, mas Jesus foi condenado antes da manhã do dia seguinte. O tribunal era obrigado a providenciar um advogado de defesa e a oportunidade de se defender, mas isso não aconteceu. E o procedimento especial para casos de julgamento por blasfêmia foi ignorado. O nepotismo faz tudo isso. Ele faz suas próprias regras, as regras que se aplicam a mim e as minhas regras. Mais uma vez vemos o nepotismo conduzindo à morte de Jesus, a morte do inocente Jesus provocada pelo atropelamento dos procedimentos corretos que existiam para guiar o processo da justiça. As pessoas estão sendo crucificadas no século 21 quando as regras, as leis, as políticas e os procedimentos são ignorados pelo interesse do próprio grupo.

O nepotismo é insensível

Finalmente, o nepotismo é insensível e indiferente em relação às outras pessoas. A grande preocupação com os seus deixa pouca simpatia para os de fora do círculo. Quando Judas voltou e jogou as trinta moedas de prata no chão, qual foi a resposta? – *Que nos importa? Isso é com você* (Mt 27.4). Quando viram Jesus na cruz em que o tinham pendurado, eles tiveram pena dele? Não, eles o ridicularizaram, dizendo: – *Salvou os outros, a si mesmo não pode salvar* (Mt 27.42). Ninguém que esteja fora de sua própria família importa. Em um certo sentido, a família é a extensão do próprio indivíduo, e a família estendida pode ser um egoísmo estendido.

Que diferença, então, faz a Cruz de Jesus Cristo para aqueles que estão presos na rede do nepotismo? Um caso clássico de nepotismo entre os discípulos no Novo Testamento é o de Tiago e João. A mãe e seus dois filhos vieram a Jesus e disseram: – *Permite-nos que, na sua glória, nos assentemos um à sua direita e o outro à sua esquerda* (Mc 10.37). Eles foram insensíveis. Não pensaram em como o pedido deles afetaria os outros dez. Os outros discípulos ficaram bravos. O incidente aconteceu bem em uma ocasião em que Jesus estava tentando chamar a atenção deles para o fato de que ele precisava ir para Jerusalém e ser crucificado. Tiago e João só pensavam no lugar deles à direita e à esquerda. A resposta de Jesus foi:

> "– *Vocês sabem que os que são considerados governadores dos povos os dominam e que os seus maiorais exercem autoridade sobre eles. Mas entre vocês não é assim; pelo contrário, quem quiser tornar-se grande entre vocês, que se coloque a serviço dos outros; e quem quiser ser o primeiro entre vocês, que seja servo de todos. Pois o próprio Filho do Homem não veio para ser servido, mas para servir e dar a sua vida em resgate por muitos.*" (Mc 10.42-45)

Você já notou a interessante sequência desse episódio na Cruz? João era um dos dois irmãos que queriam os lugares à direita e à esquerda. Na cruz, *vendo Jesus a sua mãe e junto dela o discípulo amado, disse: "– Mulher, eis aí o seu filho". Depois, disse ao discípulo: "– Eis aí a sua mãe". Dessa hora em diante, o discípulo a tomou para casa* (Jo 19.26s). João é o único dos quatro evangelistas que nos conta essa história sobre a Cruz. Ela não está em Mateus, Marcos ou Lucas. Ele é o único dos quatro escritores que fala sobre nascermos de novo como filhos de Deus. Também é o único que menciona Anás e seus laços de família ao nos contar sobre a Cruz. Tudo isso sugere que João esteja dizendo: "Eu era assim, mas a Cruz fez a diferença. Eu descobri na Cruz onde está a minha verdadeira família".

É interessante que, de acordo com o relato que o Evangelho de Marcos faz da crucificação, a mãe de João e Tiago, chamada Salomé, está presente no episódio da Cruz, mas ausente do sepultamento. Eu suspeito que ela possa ter voltado à cidade com João, seu filho, e Maria, a nova mãe dele, para cuidar dela. É uma bela imagem, não? A mulher que estava forçando a barra para que seus dois meninos ocupassem a direita e a esquerda do trono está, depois de se deparar com a Cruz, junto com seu filho e com a nova mãe dele, Maria, demonstrando um novo conceito de família que poderia revolucionar o mundo completamente. Caifás nos mostra uma maneira de lidar com as coisas relacionadas aos nossos parentes. A Cruz de Jesus nos mostra outra maneira, completamente diferente. Onde nós nos colocamos diante da Cruz? Com a família de Caifás, ridicularizando Jesus por não ser um deles? Ou com a família de Deus, aprendendo sobre novos relacionamentos governados pelo amor? Quem é seu irmão? Quem é sua mãe? Quem é sua irmã? Quem é seu pai? Jesus diz: "... *aquele que fizer a vontade de meu Pai celeste...*" (Mt 12.50).

5
A inveja dos chefes dos sacerdotes

A primeira cena de julgamento do drama da Cruz aconteceu diante de todo o Sinédrio, para onde Jesus foi levado imediatamente depois de sua prisão. O palco se agitava com armações e intrigas. Os chefes dos sacerdotes, os anciãos e os mestres da lei se reuniram para procurar evidências contra Jesus. Alguns ficaram sentados, ouvindo cuidadosamente os procedimentos; outros se reuniam em grupos de dois ou três; servos saíam apressados, enviados em missões, enquanto outros entravam para entregar mensagens a Caifás, o sumo sacerdote que presidia o inquérito. Uma testemunha depois da outra era convocada para depor falsamente contra Jesus, mas cada depoimento contradizia o anterior.

No meio de tudo isso estava Jesus, em silêncio, imóvel, impassível. À medida que ia ficando claro que não surgiriam duas testemunhas que concordassem entre si, Caifás ficava cada vez mais agitado e, finalmente, deu um fim à farsa. Em pé diante de Jesus, ele perguntou: – *Você não diz nada em resposta ao que estes depõem contra você?* (Mc 14.60). Silêncio. Impacientemente, ele refez a pergunta. – *Você é o Cristo, o Filho do Deus Bendito?* (v.61). Dessa vez

Jesus respondeu: *"– Eu sou..."* (v.62). Jesus alegou ser o Messias, o Filho de Deus e, se isso não bastasse, ele ainda se associou a Deus sentado no julgamento, com todos os acompanhamentos apocalípticos a que tinha direito: *"... e vocês verão o Filho do Homem sentado à direita do Todo-Poderoso e vindo com as nuvens do céu"* (v.62).

O Sinédrio reconheceu facilmente essa referência do livro de Daniel. Eles perceberam que Jesus estava dizendo que aqueles que o estavam julgando o veriam no lugar do juízo, junto com o Todo-Poderoso no último dia. Caifás reconheceu a deixa e, claramente interpretando para o público, rasgou suas vestes e disse: *– Por que ainda precisamos de testemunhas? Vocês ouviram a blasfêmia. Qual é o parecer de vocês?* (vs.63s).

"Blasfêmia!" "Condenem-no!" "Matem-no!" Os gritos se intensificavam, à medida que o palco explodia em confusão. Alguns cuspiam em Jesus; outra pessoa o vendou; outros o atacavam e insultavam. Aproveitando a deixa de Caifás, os guardas entraram e começaram a golpeá-lo. Quando os sacerdotes e os guardas terminaram de bater em Jesus, eles o amarraram e arrastaram para diante de Pilatos.

O que transformou o Sinédrio, a suprema corte de todo o povo judeu, no palco de uma cena beirando o motim e em uma paródia da justiça? Pilatos deu nome aos bois, e disse que a inveja é que os estava conduzindo (Mc 15.10). Não foi violação de alguma lei judaica obscura. Não foi insurreição contra o governo romano. Não foi nem mesmo a acusação oficial, de blasfêmia contra Deus, que os motivou. Foi a inveja de Caifás e dos chefes dos sacerdotes, realçadas pela dignidade de Jesus, que o levou à Cruz.

A natureza da inveja

O Novo Testamento usa duas palavras para inveja. A primeira pode ter um sentido bom e um mau. No bom sentido, significa zelo por alguém ou por uma causa. É essa palavra que Paulo usa quando diz aos coríntios: *Tenho zelo por vocês com um zelo que vem de Deus* (2Co 11.2). É usada até mesmo para descrever o zelo por justiça que motivou Jesus a expulsar os cambistas e vendedores de pombas do pátio do templo (Jo 2.17). No seu mau sentido, significa "rivalidade", como quando Paulo diz, novamente aos coríntios: *Porque, se há ciúmes e brigas entre vocês, será que isso não mostra que são carnais e andam segundo os padrões humanos?* (1Co 3.3). O zelo, até mesmo a rivalidade, não é algo ruim em si, mas pode ser facilmente levado longe demais ou usado por motivos errados. Então se transforma em outra coisa possessiva, que nos domina e se torna cruel, chamada ciúmes. Quando o zelo vai longe demais, acaba sendo ruim por inteiro.

A segunda palavra que aparece no Novo Testamento para inveja nunca é usada em um bom sentido. Significa uma rivalidade vingativa e cheia de ressentimento. Não é mais só querer o que o outro tem. É também querer impedir que o outro o tenha. Foi essa palavra que Pilatos usou quando disse que os chefes dos sacerdotes trouxeram Jesus diante dele por inveja.

O que provoca a inveja

O que provocou inveja nos chefes dos sacerdotes durante os últimos cinco dias da vida de Jesus? Tudo começou quando o princípio entrou em choque com o lucro. No começo daquela primeira Semana Santa, Jesus purificou o templo expulsando os cambistas, virando as mesas dos vendedores de pombas. Foi uma atitude corajosa contra uma prática religiosa ilícita estabelecida. Interrompeu os negócios e destruiu os lucros durante a festa da Páscoa. Os filhos de Anás corrim o risco de sofrer um prejuízo grande nos negócios do templo. Por que Jesus fez isso?

Ele via o templo como uma casa de oração; os sacerdotes o viam como um negócio lucrativo. Ele queria que todas as pessoas de todas as nações adorassem sem restrições; os sacerdotes restringiam o culto àquelas pessoas que podiam pagar preços exorbitantes por animais para os sacrifícios. O fato de Jesus defender seus princípios provocou a inveja dos chefes dos sacerdotes, e eles reagiram com medo. A bondade de Jesus os ameaçava. *E os principais sacerdotes e escribas ouviram isso e procuravam uma maneira de matar Jesus...* (Mc 11.18).

A inveja sempre surge contra aquele que não pode ser subornado, aquele que não aceita comprometer seus princípios. Quando Aristides, o Justo, estava sendo julgado em Atenas, um homem foi pedir a outro que votasse pelo seu exílio. "Que mal ele fez a você?", perguntou o segundo, ao que o primeiro respondeu: "Eu estou cansado de ouvi-lo ser chamado de 'o Justo'". Se invejamos a pessoa que tem as boas qualidades que nós deveríamos ter, podemos odiar ver aquela pessoa e querer que ela saia do nosso caminho.

A popularidade também provoca inveja. *... pois o temiam, porque toda a multidão se maravilhava de sua doutrina* (Mc 11.18). *E a grande multidão o ouvia com prazer* (Mc 12.37). As pessoas estavam claramente do lado de Jesus. Durante toda aquela semana ele estava conquistando as multidões, e os chefes dos sacerdotes foram reduzidos a espectadores no segundo plano. Popularidade com um grupo ou com um indivíduo importante sempre provoca as pessoas invejosas. Quando alguém novo ganha o reconhecimento que antes outra pessoa tinha ou que não pode conquistar, então a inveja assume.

O bom desempenho provoca inveja. Jesus não estava só conquistando as multidões, estava ganhando dos mestres da lei no próprio jogo deles. Quando os fariseus perguntaram a Jesus se era certo pagar impostos ao Imperador Romano, ele respondeu de maneira inteligente: *"– Deem a César o que é de César e a Deus o que é de Deus". E muitos se admiraram dele* (Mc 12.17). Quando os saduceus perguntaram sobre casamento na ressurreição, Jesus respondeu:

> *"– Será que o erro de vocês não está no fato de não conhecerem as Escrituras nem o poder de Deus? Pois, quando ressuscitarem dentre os mortos, nem casarão, nem se darão em casamento, mas serão como os anjos nos céus. Quanto aos mortos, que eles de fato ressuscitam, vocês nunca leram no Livro de Moisés, no trecho referente à sarça, como Deus lhe falou: 'Eu sou o Deus de Abraão, o Deus de Isaque e o Deus de Jacó'? Ele não é Deus de mortos, e sim de vivos. Vocês estão completamente enganados." (Mc 12.24-27)*

5 — A inveja dos chefes dos sacerdotes

Quando outro mestre da lei perguntou a ele:

> — Qual é o principal de todos os mandamentos? Jesus respondeu: "— O principal é: 'Escute, ó Israel, o Senhor, nosso Deus, é o único Senhor! Ame o Senhor, seu Deus, de todo o seu coração, de toda a sua alma, de todo o seu entendimento e com toda a sua força'. O segundo é: 'Ame o seu próximo como você ama a si mesmo'. Não há outro mandamento maior do que estes". [...] E ninguém mais ousava fazer perguntas a Jesus (Mc 12.28-31,34).

Foi um desempenho impressionante de ensino, uma demonstração de inteligência, sabedoria, conhecimento das Escrituras, convicções firmes, argumentação hábil e um discurso amável. Resumindo, ele era tudo o que eles, como sacerdotes e líderes do povo, deveriam ser, mas não eram. Jesus tinha até apontado a discrepância entre a profissão e a prática deles ao dizer:

> "— Cuidado com os escribas, que gostam de andar com vestes talares e das saudações nas praças; buscam as primeiras cadeiras nas sinagogas e os primeiros lugares nos banquetes; devoram as casas das viúvas e, para o justificar, fazem longas orações. Estes sofrerão juízo muito mais severo." (Mc 12.38-40)

Como uma flecha no alvo, a inveja voa direto na pessoa que pode fazer o que nós deveríamos estar fazendo, mas não fazemos.

Os métodos da inveja

Na Capela Arena, em Pádua, há um importante afresco da inveja, de Giotto. Ele retrata um homem cruel, deformado, com ombros caídos e um pescoço esticado, rosto encovado e olhos fundos. Uma mão segura uma bolsa de ouro; a outra está esticada com dedos em forma de garra. As orelhas são grandes, disformes, distendidas. Da boca se desenrola uma serpente, cujas presas estão picando a própria Inveja no supercílio. Ao redor dos pés erguem-se chamas de fogo.

Essa obra de arte alegórica retrata tanto os métodos quanto as consequências da inveja. As orelhas grandes e distendidas significam que a inveja está alerta, à procura de qualquer calúnia ou fofoca. A serpente na boca aponta as insinuações venenosas e as histórias inventadas que a língua da inveja conta com tanto prazer. As mãos em forma de garra de abutre sugerem a ganância voraz e o impulso violento e impetuoso do espírito invejoso. A serpente picando o próprio supercílio da Inveja mostra que, no final das contas, a inveja só prejudica a própria pessoa, e as chamas de fogo ao redor dos pés marcam a tortura autoinfligida em que ela vive. No tratamento que dispensaram a Jesus, os chefes dos sacerdotes usaram todos esses métodos, e sofreram as consequências inevitáveis da inveja.

Primeiro tentaram enganar Jesus em sua fala. Fingindo um interesse genuíno, fizeram perguntas dissimuladas, esperando enganá-lo. Eles perguntaram: – *Com que autoridade você faz estas coisas?* (Mc 11.28). Ele voltou a armadilha para eles recusando-se a responder até que eles lhe dissessem de onde vinha o direito de João de batizar (Mc 11.31-33). Não importava o quanto eles se esforçassem, Jesus era rápido demais para eles.

A ganância dilacerante e violenta das garras da inveja não tem escrúpulos. Quando os chefes dos sacerdotes não conseguiram enganá-lo à luz do dia usando sua habilidade, decidiram tentar à noite, usando a força. Dois dias antes da Páscoa e da Festa dos Pães Asmos, os chefes dos sacerdotes e os mestres da lei estavam procurando uma maneira de prender Jesus em segredo e matá-lo (Mc 14.1). Quando Judas veio a eles para trair a Jesus, *eles, ouvindo isto, se alegraram e prometeram dar dinheiro a ele...* (Mc 14.11). Suborno, dissimulação, violência – a inveja não tem escrúpulos para atingir seu fim, e suas garras firmes e violentas jamais se abrem. "A inveja fere mais do que paga", disse John Gay; e "A inveja nunca tira férias", disse Francis Bacon. Cheio de remorso, Judas foi capaz de tentar voltar atrás e devolver o dinheiro, mas, levados implacavelmente adiante, os chefes dos sacerdotes não podiam desistir de sua inveja.

Depois de prendê-lo à força à noite e levá-lo diante do Sinédrio, eles não hesitaram em manipular as regras do procedimento judicial. Um antigo manuscrito chamado de *Mishná*, escrito por volta do ano 200 d.C. pelo patriarca Rabino Judá, codificava a lei oral e determinava as regras para evidências e procedimentos nas cortes judaicas. As autoridades legais, em geral, concordam que esse documento reflete os costumes que seriam vigentes na época de Jesus.

Uma comparação entre as regras de procedimento constantes na *Mishná* com o que realmente aconteceu no caso de Jesus diante do Sinédrio revela várias irregularidades evidentes. Antes de se poder levar um caso à corte judaica, duas testemunhas tinham que vir independentemente e concordar nas evidências. Baseado nesses pontos comuns é que se formulava um caso para ser julgado. A primeira testemunha foi trazida para prestar depoimento e ser interrogada. Quando ela saiu, a próxima foi trazida. A corte procurava por conformidade entre as duas testemunhas, mas até que surgisse alguma, não havia caso contra Jesus. À medida que o Sinédrio julgava Jesus, os chefes dos sacerdotes trouxeram muitas testemunhas, inclusive falsas, procurando evidências nas quais basear o caso contra Jesus, *mas os depoimentos não eram coerentes* (Mc 14.56). De acordo com a lei judaica, nesse ponto não havia um caso para ser levado a julgamento. Mesmo assim, Caifás começou a interrogar Jesus diretamente: – *Você não diz nada em resposta ao que estes depõem contra você?* (Mc 14.60). Usufruindo de seus direitos legais, Jesus não respondeu.

Mais uma vez, Caifás manipulou as regras ao interrogar Jesus diretamente e condená-lo pelo seu próprio testemunho. De acordo com a lei judaica, ninguém poderia ser condenado pelo seu próprio testemunho, porém, quando Jesus afirmou ser o Messias, foi condenado por blasfêmia baseado no seu próprio testemunho. Além disso, Caifás ignorou o procedimento jurídico especial descrito na *Mishná* para casos de blasfêmia, um crime particularmente grave na cultura judaica. Ao contrário, pediu um veredicto imediato e o considerou culpado.

Os ouvidos atentos da inveja também crescem com a fofoca, o falso testemunho e a discórdia. Quando trouxeram Jesus a Pilatos, *os principais sacerdotes o acusavam de muitas coisas* (Mc 15.3). Essas acusações variavam de rumores e fofocas, até calúnia absoluta. Quando a multidão chegou para pedir a costumeira libertação de um prisioneiro por ocasião das festas, *Mas os principais sacerdotes incitaram a multidão no sentido de que lhes soltasse, de preferência, Barrabás* (Mc 15.11). O veneno da inveja, assim como o veneno da cobra, infecta todos que ataca. Não existe quarentena contra a inveja.

Finalmente, a inveja se deleita na vitória sobre o inimigo, mas, no final, só provoca derrota e tortura interior. Quando Jesus estava pendurado na Cruz, *os principais sacerdotes com os escribas, combando, diziam entre si: – Salvou os outros, a si mesmo não pode salvar* (Mc 15.31). Ironicamente, suas palavras de escárnio simplesmente condenaram a eles próprios, e revelaram a autotortura que a inveja provoca. Jesus salvou outros. Ele salvou Pedro, André, Tiago e João de uma vida insignificante, vivida só para eles mesmos; salvou Levi de um negócio suspeito e desonesto; a sogra de Pedro de uma febre que a incapacitava; um leproso da doença e do ostracismo social; o paralítico da culpa que havia paralisado seus membros; a filha de Jairo de uma morte prematura na infância, o menino epilético e seu pai, enlouquecido por suas terríveis convulsões; Bartimeu de sua cegueira; o ladrão arrependido de uma morte desesperadora. Ele veio, de fato, *buscar e salvar o perdido* (Lc 19.10). Salvou outros, mas não os chefes dos sacerdotes. Por quê?

A inveja só pensa em si mesma. Para os chefes dos sacerdotes, "eu primeiro" era o resumo do seu credo de vida. Quando disseram a Jesus: *a si mesmo não pode salvar,* era um escárnio, uma provocação, uma zombaria: a coisa mais baixa, mais desprezível e mais depreciativa que eles conseguiam pensar em dizer, de acordo com seus próprios valores. Os olhos fundos, furtivos e egoístas da inveja não conseguiam ver nenhum outro valor. Não lhes ocorria que os homens podiam viver de acordo com qualquer outro credo. Jesus, no entanto, ensinou um outro princípio de vida, que ele seguiu até o fim: *"Pois quem quiser salvar a sua vida a perderá; e quem perder a vida por minha causa e por causa do evangelho, esse a salvará"* (Mc 8.35). Ele não podia salvar a si mesmo exatamente por estar salvando os outros. Ele perdeu a si mesmo, mas, no final, ganhou para nós a vida eterna. Em contraste, os chefes dos sacerdotes, com seus corações queimando de cobiça por causa de seu credo egoísta, assim como as chamas da tortura queimando os pés da Inveja, salvaram a si próprios – sua feira do templo e seu orgulho – mas perderam a vida eterna. Paulo disse que os culpados de inveja, em qualquer um dos dois maus sentidos, não herdarão o Reino de Deus.

A cura da inveja

A inveja colocou Jesus na Cruz, mas a cura da inveja pode ser encontrada na Cruz. Jesus morreu não só para perdoar nossos pecados, mas para nos libertar do pecado. A inveja se origina no interior do coração dos homens (Mc 7.21s), o coração internamente retorcido pelo egoísmo. Jesus morreu para nos libertar das garras violentas e do ferrão venenoso da inveja. Pendurado ali na Cruz, ele se expôs à inveja dos chefes dos sacerdotes. Ele sofreu sua plena força e trouxe sobre si seu ferrão. Na Cruz, mostrou para sempre que o amor não inveja (1Co 13.4) e voltou no poder da Ressurreição – para transformar os nossos corações invejosos em corações de amor.

6
Pilatos
Verdade e política

A pequena frase: "padeceu sob Pôncio Pilatos" foi recitada mais vezes nos credos da Igreja do que qualquer outra citação dos clássicos latinos. Possivelmente, foi traduzida para mais idiomas ao redor do mundo do que a própria Bíblia. Embora esse obscuro governador romano da Judeia tenha pisado no palco da história humana durante apenas quatro horas, seu nome é conhecido por mais pessoas no mundo do que a maioria dos grandes homens da história. Que papel Pilatos desempenhou no drama da Cruz, naquela primeira Sexta-feira Santa, entre oito horas e meio-dia? A resposta é que ele autorizou a crucificação. Ele tentou seguir a mensagem urgente que recebeu da sua esposa, enquanto presidia o tribunal: – *Não se envolva com esse justo...* (Mt 27.19). Pilatos tentou seguir o conselho de sua esposa no caso de Jesus, mas, como qualquer pessoa que já tentou o mesmo desde então, descobriu que era impossível manter a neutralidade.

A paralisia de um passado desordenado

O passado de Pilatos o colocava em desvantagem. Ele não nasceu na elite romana, mas pertencia à classe média, que chamamos de ordem equestre. Serviu no exército na Germânia e, durante uma passagem prolongada por Roma, parece ter conquistado uma moça romana com altas conexões. O nome dela era Cláudia Prócula, filha ilegítima de Cláudia, terceira esposa do Imperador Tibério. Ela era, portanto, neta de César Augusto. Essa conexão com o homem no topo da hierarquia serviu aos interesses de Pilatos de uma maneira inesperada, pois, no ano de 26 d.C., sob recomendação de Sejano, o braço direito de Tibério, ele foi nomeado procurador da Judeia. Lucas 3.1 nos conta que Pilatos era governador da Judeia quando João Batista começou seu ministério, portanto, ele estaria no cargo há mais ou menos quatro anos quando Jesus foi trazido diante dele. Ao assumir seu posto, foi-lhe concedido o privilégio, bastante raro, de levar sua esposa para a Judeia. Pilatos foi, portanto, o que podemos chamar de uma nomeação nepotista. Ele tinha conexões com a família certa.

O cargo de procurador não costumava ser uma alta designação, mas, na Judeia, implicava mais responsabilidades do que em outros lugares. Ele era responsável pela lei e pela ordem, pela administração da justiça e pela coleta dos impostos. Assim como muitos homens nomeados por influência da família, ele não era o mais adequado para o trabalho. Era um tanto rude e indelicado, além de ser um homem muito obstinado. Para ele, ao que parecia, autoridade significava o poder para impor sua vontade à força, em vez de um exercício de responsabilidade e consideração pelos outros. Ele era a encarnação daquela agressividade pessoal que homens e mulheres tantas vezes usam para conseguir seus fins quando lhes são confiadas posições de autoridade que excedem suas capacidades. Permita-me ilustrar.

Quando ele chegou a Jerusalém, era costume não trazer as bandeiras romanas normais, porque elas tinham uma imagem do imperador romano

6 — Pilatos: verdade e política

estampada nelas. Os judeus abominavam qualquer imagem representada. Trazer essas bandeiras para a área do templo seria blasfêmia para eles, por causa do segundo mandamento. Até então, a prática romana tinha sido respeitar essa convicção religiosa e usar bandeiras sem a imagem em Jerusalém. Mas Pilatos, quando chegou, não estava disposto a se ajoelhar diante desses judeus supersticiosos. Ele enviou as bandeiras normais para Jerusalém junto com uma legião, à noite. Quando, no outro dia, as pessoas as descobriram, uma grande multidão se reuniu, pronta para se rebelar. Eles cercaram a casa de Pilatos, em Cesareia, na costa. Ele, por sua vez, cercou os revoltosos com suas tropas para tentar dispersá-los. Os judeus estavam tão convictos de estarem protestando por uma causa justa que ficaram deitados no chão durante cinco dias e cinco noites até que, afinal, Pilatos teve que desistir e tirar as bandeiras.

Em Jerusalém, o suprimento de água sempre foi um problema. Pilatos construiu um aqueduto a fim de levar água para a cidade, e pensou: "Já que eu estou fazendo isso em benefício do povo, vamos usar um pouco do dinheiro deles". Portanto, pegou uma parte dos impostos do templo para pagar o aqueduto, já que, segundo seu raciocínio, era algo do interesse deles. Novamente, as pessoas se rebelaram e se manifestaram. Dessa vez, Pilatos enviou os seus homens à paisana, com paus e adagas, para o meio da multidão, e, a um sinal, eles avançaram sobre as pessoas, batendo nelas e esfaqueando-as. Muitos outros foram mortos, pisoteados na confusão.

Lucas 13.1 menciona que alguns galileus tiveram seu sangue misturado com seus sacrifícios, induzidos por Pilatos. Não temos qualquer outro detalhe sobre isso, mas a história é consistente com todo o resto do que sabemos sobre Pilatos. Outro incidente aconteceu na Samaria, alguns anos depois da morte de Jesus. Um profeta sensacionalista convocou os samaritanos a subirem o Monte Gerizim, no território deles, e disse que lhes mostraria os objetos sagrados, como a Arca da Aliança, e outros objetos que ele afirmava que Moisés havia escondido na montanha. Algumas pessoas foram, e várias tinham lanças e paus. Pilatos presumiu que haveria problemas e enviou tropas imediatamente. Muitos foram mortos ali e depois. Os samaritanos reportaram isso a Vitélio, o legado sírio, e Pilatos foi convocado e banido. Em suma, durante os poucos anos em que esteve na Judeia, ele se envolveu em incidentes desagradáveis com o povo de cada um dos distritos de sua província. Conseguiu, até, virar inimigo de Herodes.

Pilatos foi um homem que dedicou sua vida a se manter em um emprego que nunca teria conseguido se não fossem suas conexões com a família certa; um emprego no qual cometeu um erro após o outro. Seu passado era extremamente desajustado, mas parece que ele não foi capaz de reconhecer ou de tentar corrigir isso. Continuou errando, provavelmente sentindo que não tinha feito nada de errado e que a culpa era dos outros. Ele não sabia, e talvez você também não saiba, mas essa atitude de autojustificação e de culpar os outros leva um povo a uma paralisia moral que o incapacita.

Como, então, é o nosso passado? É um passado ordenado, que vem da incansável autocrítica, de uma prontidão em ver e admitir nossos próprios erros e construir nossa sabedoria, experiência e aptidão? Ainda existem pessoas que fazem a coisa errada em relação a Jesus Cristo por não estarem dispostas a encarar a realidade das suas origens e do seu comportamento passado. É preciso que Pilatos sirva de alerta para elas.

Por outro lado, vemos Jesus diante de Pilatos naquele dia como o completo oposto.

> ... Cristo Jesus, que, mesmo existindo na forma de Deus, não considerou o ser igual a Deus algo que deveria ser retido a qualquer custo. Pelo contrário, ele se esvaziou, assumindo a forma de servo, tornando-se semelhante aos seres humanos. E, reconhecido em figura humana, ele se humilhou, tornando-se obediente até a morte, e morte de cruz. (Fp 2.6-8)

Pilatos estava em uma posição na qual nunca deveria ter chegado. Jesus estava em uma posição da qual nunca precisou descer.

6 — Pilatos: verdade e política

A pressão de um problema indesejado

Pilatos tinha um problema presente, e um passado que ele preferia esquecer. Duas noites antes da festa da Páscoa, parece que Caifás, o sumo sacerdote, entrou em contato com Pilatos sobre a perspectiva da prisão e condenação de Jesus. Sendo a posição de Pilatos tão frágil como era, não foi difícil para Caifás conseguir que ele concordasse em, na manhã seguinte, simplesmente carimbar e ratificar o que a corte judaica havia decidido durante a noite. Ele sancionaria a pena de morte. Só Pilatos poderia declarar a pena de morte. Aparentemente, sua esposa sabia algo a respeito, pois, naquela noite, ela sonhou com Jesus. Pilatos levantou-se cedo para resolver a questão, mas, quando sua esposa acordou, seu sonho a perturbou e ela enviou esta mensagem urgente ao esposo: – *Não se envolva com esse justo...* (Mt 27.19). O que Pilatos deveria fazer? Se ele não agradasse aos judeus, eles se rebelariam, avisariam Roma, e talvez ele perdesse o cargo. Se não agradasse a sua esposa, que era parente do imperador, e se ela também avisasse Roma, ele ainda poderia perder seu cargo.

Este era o dilema de Pilatos, o problema inesperado e indesejável que criava a pressão sob a qual ele teria que fazer seu trabalho naquela sexta-feira negra. As duas pressões haviam sido criadas por ele. Ele havia antagonizado com os judeus. Havia aceitado um cargo decorrente das conexões de sua mulher. Agora tudo estava vindo à tona, e seu pecado o estava alcançando, decorrente do embate entre essas duas escolhas conflitantes. A vida faz isso, e, quando faz, Deus está, de fato, nos oferecendo misericórdia ou julgamento no idioma que nós entendemos melhor, o das prioridades com as quais nos comprometemos.

Em contraste vemos Jesus, um homem objetivo, decidido e direto, ensinando a verdade sem se submeter aos homens. Ele não conheceu o pecado. Ele não pecou. Não havia pecado nele. Naquele dia, Jesus absolutamente não estava pensando nele mesmo, mas nos outros; nas mulheres pelas quais passou na subida ao Calvário, a quem disse para não chorarem; nos soldados que pregaram suas mãos e pés com o martelo e os pregos, a respeito de quem ele disse: *"– Pai, perdoa-lhes, porque não sabem o que fazem"* (Lc 23.34); no ladrão para quem disse: *"Em verdade lhe digo que hoje você estará comigo no paraíso"* (Lc 23.43); em sua mãe, ao pé da Cruz, quando disse a João: *"– Eis aí a sua mãe"*, e a Maria: *"– Mulher, eis aí o seu filho"* (Jo 19.26s). E, durante o julgamento, Jesus estava preocupado com Pilatos. O contraste é marcante! Pilatos estava pensando nos seus próprios interesses. Deveria agradar a sua esposa? Deveria agradar aos judeus? Na frente dele estava Jesus, que não agradava a si mesmo e, mesmo no final, só pensou nos outros.

A pantomima de uma trama descontrolada

Pilatos estava decidido a seguir o conselho de sua esposa. Ele se esforçou. Não seria apenas um carimbo automático. Quando os judeus vieram a ele, inesperadamente, em vez de dizer simplesmente: "Tudo bem, eu assino a pena de morte", ele disse: – *Que acusação vocês trazem contra este homem?* Eles ficaram surpresos, pois estavam esperando o carimbo. Eles responderam: – *Se este não fosse malfeitor, não o teríamos entregue ao senhor.* Mas Pilatos disse: – *Levem-no daqui e julguem-no segundo a lei de vocês* (Jo 18.29-31). E eles insistiram: *"– Ele agita o povo, ensinando por toda a Judeia. Começou na Galileia e agora chegou aqui* (Lc 23.5). *Ao ouvir a palavra "Galileia", Pilatos perguntou se o homem era galileu. Ao saber que Jesus era da região governada por Herodes, e estando este em Jerusalém naqueles dias, Pilatos enviou Jesus a Herodes* (vs.6s). Ele tentou eliminar qualquer ligação com Jesus, enviando-o a Herodes. Herodes lidou com ele com sua costumeira arrogância, e o enviou de volta, não o tendo considerado culpado. Pilatos ainda estava tentando fazer o que sua esposa havia pedido, e estava disposto a soltá-lo. Ele normalmente soltava algum prisioneiro por ocasião das festas, então perguntou: – *Vocês querem que eu lhes solte o rei dos judeus?* E eles responderam: – *Não este, mas Barrabás!* Novamente ele foi frustrado, ainda tentando não se envolver com Jesus (Jo 18.39s).

6 — Pilatos: verdade e política

Ainda hesitante, Pilatos decidiu providenciar um castigo simbólico para Jesus. Então ordenou que o maltratassem e o trouxessem ao povo, em um sofrimento desprezível. Esperando apelar à simpatia do povo, disse: – *Eis aqui o rei de vocês,* e depois: – *Devo crucificar o rei de vocês?* Mas eles não foram persuadidos. – *Não temos rei, senão César!* [...] – *Se você soltar este homem, não é amigo de César! Todo aquele que se faz rei é contra César!* (Jo 19.12-15). No final, Pilatos entregou Jesus para ser crucificado, para ser pregado a uma cruz pelas mãos e os pés, para que sua cruz fosse erguida e ele fosse deixado lá, pendurado. Suspenso entre a terra e o céu, Jesus morreu. Foi isso que Pilatos fez.

Essa foi a conclusão da cena de Pilatos. Leia no Evangelho de João; parece uma pantomima trágica, completa com instruções de cena: *Então Pilatos saiu para falar com eles...* (Jo 18.29), *Pilatos entrou novamente no Pretório...* (18.33), *... voltou aos judeus...* (18.38), *Pilatos saiu outra vez...* (19.4), *... entrando outra vez no pretório...* (19.9), [Pilatos] *trouxe Jesus para fora...* (19.13). Toda essa movimentação foi registrada por João, e João foi testemunha. Com que finalidade? Por que todas essas entradas e saídas, se, no final, ele entregou Jesus para ser crucificado? Ele estava tentando se desvincular de Jesus, como sua esposa o havia aconselhado. Ele se esforçou muito, mas, dessa vez, não conseguiu controlar os eventos. Caifás era esperto demais. As pessoas também eram muito facilmente manipuladas. Jesus não cooperava. E a verdade era que Jesus não era uma ameaça à segurança, embora alegassem que fosse. Pilatos ficou muito impressionado pela atitude de Jesus. Ele tinha medo da dignidade de Jesus, e de sua possível origem como Filho de Deus. Não encontrou nenhuma culpa em Jesus, e sustentou que este não tinha feito nada que merecesse a morte. Essa era a verdade. Mas a política era diferente. Ele poderia ter perdido o cargo. E a política ganhou.

Será que conhecemos a verdade? Vemos o que é justo, correto e honesto, mas não nos atrevemos a dizer isso ou a agir corretamente porque algo em relação a nós está ameaçado? Conhecemos o pânico que Pilatos sentiu e os eventos que ele não conseguiu controlar, mas ele nos ensina o que acontece conosco se jogarmos o jogo que coloca Jesus na Cruz e nos relega à vergonha e à perdição eterna, como foi com Pilatos. De outro lado, vemos Jesus, massacrado, mas dignificado. Quando insultado, não devolveu o insulto; quando sofreu, não ameaçou. Ele não disse uma palavra, não fez movimentos desnecessários, ficou calmo enquanto carregava em seu corpo os nossos pecados ao madeiro; nu, sem nada além de feridas para cobri-lo, mas ainda em perfeito controle.

O *páthos* (caráter) de uma marionete inconsciente

Depois disso, Pilatos mandou vir água, lavou suas mãos na frente da multidão e disse: – *Estou inocente do sangue deste homem; fique o caso com vocês!* (Mt 27.24). Ele ainda achava que não tinha feito nada a Jesus, quando era a única pessoa da cidade que poderia condenar alguém à morte. Essa mesma atitude de autoengano é persistente no decorrer da narrativa. Quando vieram a ele para reclamar sobre o que tinha escrito na placa da cruz, disse: *O que escrevi escrevi* (Jo 19.22). Quando vieram a ele pedir que o sepulcro fosse guardado cuidadosamente, ele respondeu: – *Vão e guardem o túmulo como bem entenderem* (Mt 27.65). Qualquer coisa que lhe fosse pedida, Pilatos devolvia a responsabilidade aos que pediam. Ele estava completamente enganado e não quis aprender até o fim. O centro de seu engano consistia em ele achar que não era o responsável. A culpa era dos outros! Ele apenas foi forçado a fazer as coisas!

Se tomarmos essa atitude nas nossas vidas, será fatal. Nós precisamos tomar nossas próprias decisões. Se seguirmos por esse caminho escorregadio, culpando os outros, dizendo que a culpa é deles, as forças malignas do mundo sempre nos empurrarão na direção errada. A correnteza vai na direção do mal, e ela sempre leva a algum tipo de crucificação de Jesus. Foi por isso que Jesus disse: "– *Quem não é por mim* [por decisão] *é contra mim* [por não decidir]" (Mt 12.30).

Lembro-me que, quando era jovem, fui a um encontro da Mocidade Para Cristo em Glasgow. O pregador anunciou o tema para a noite seguinte. Ele iria pregar sobre: "O que eu devo fazer para me perder?" Como um jovem pregador iniciante, eu pensei: "Este é um bom título para um sermão. Eu vou lá ouvir". Na noite seguinte, ele apareceu e disse: "O que eu devo fazer para me perder?" Então disparou: "Nada!" Seu texto? "Como escaparemos, se negligenciamos tão grande salvação?" Negligenciar é não fazer nada. Pilatos tentou não fazer nada, e sua recusa em escolher levou à Cruz, a ser chamado por Roma, e a ser banido para Vienne do Ródano, na França, onde se suicidou.

Paz e perdão

De outro lado, vemos Jesus em total controle. *"Ninguém tira a minha vida; pelo contrário, eu espontaneamente a dou"* (Jo 10.18). E foi o que ele fez. Estava disposto a se sacrificar.

Ele foi tentado em todas as áreas que nós também somos e, mesmo assim, permaneceu sem pecado, para que pudesse se oferecer como o sacrifício perfeito a Deus. Sofreu para que pudesse se tornar a oferta perfeita para os imperfeitos você, eu e Pilatos. Jesus estava no controle do que fez. Ele se manteve firme como uma rocha, foi a Jerusalém, escolheu a morte e não foi levado a ela. Ele escolheu a morte porque era isso que precisava ser feito para que você e eu fôssemos salvos dos nossos pecados e recebêssemos a vida eterna com Deus.

Essa mensagem de salvação, de paz, de perdão incondicional, foi o tema das primeiras pregações dos discípulos. Cinquenta dias depois esses discípulos saíram às ruas e Pedro afirmou ao povo, com convicção:

> *... seu Servo Jesus, a quem vocês traíram e negaram diante de Pilatos, quando este já havia decidido soltá-lo. [...] ... eu sei que vocês fizeram isso por ignorância, como também as suas autoridades o fizeram. [...] Portanto, arrependam-se e se convertam, para que sejam cancelados os seus pecados. (At 3.13,17,19)*

Em outras palavras, ele estava dizendo que, embora o povo fosse como Pilatos, e Pilatos como eles, e embora eles fossem igualmente responsáveis, se admitissem a culpa, seriam perdoados. A culpa não precisa continuar, como aconteceu com Pilatos, até acabar em suicídio.

A mensagem do dia de Pentecostes é que, mesmo que nós estejamos envolvidos na morte de Jesus, ainda assim podemos ser incondicionalmente perdoados se admitirmos nossa culpa e formos a Jesus. A vida não precisa terminar como terminou para Pilatos. Nós precisamos deixar de lado todas as considerações em relação à família e à política e a outras coisas, e ir com coragem a Cristo com qualquer coisa que tenhamos feito de errado, pois nele há perdão. Se a Sexta-Feira Santa significa alguma coisa, significa que nós podemos cantar:

> *Meu triste pecado, por meu Salvador*
> *Foi pago de um modo cabal;*
> *Valeu-me Jesus, ó mercê sem igual,*
> *Sou feliz, graças dou ao Senhor.*

Vamos nos ajoelhar em espírito aos pés da Cruz, até sentirmos arrebentar a corda que amarra o fardo da culpa às nossas costas exaustas. Vamos sentir o alívio enquanto o fardo rola para longe. Vamos saborear a maravilha de sermos perdoados de novo, o êxtase de sermos libertos. Então vamos ficar em pé, andar, correr e dançar em nossa recém-descoberta alegria, enquanto cantamos com o peregrino na história de Bunyan: "Bendita cruz, bendito sepulcro, mas bendito seja, antes, aquele que foi nela crucificado em meu lugar".

7
A esposa de Pilatos
Casamento e sonhos

Pilatos pode não ter tido uma reputação muito boa, mas ficamos impressionados com sua esposa e o que ela fez durante o julgamento de Jesus por seu marido. *E, estando Pilatos sentado no tribunal, a mulher dele mandou dizer-lhe: – Não se envolvas com esse justo, porque hoje, em sonho, sofri muito por causa dele* (Mt 27.19).

Nós sabemos um pouco sobre a história anterior de Pilatos na Judeia. Ele era um soldado rude, sem cultura e obstinado do Império Romano, com pouco tato para a política. Uma tradição, que pode não ser muito confiável, diz que ele nasceu em Sevilha, na Espanha. Ele veio de uma família de guerreiros, foi membro da ordem dos cavalheiros e serviu durante algum tempo sob Germânico, na Germânia. Durante uma estada prolongada em Roma, ele parece ter conquistado o afeto de uma moça romana com conexões muito elevadas, Cláudia Prócula, com quem viria a se casar. Como filha ilegítima de Cláudia, a terceira esposa do Imperador Tibério, Cláudia Prócula era neta de César Augusto. Fica óbvio, pela sequência dos eventos, que essa conexão acidental com a casa governante serviu aos interesses pessoais de Pilatos de maneira inesperada, pois, no ano 26 d.C., sob recomendação de

Sejano, braço direito do Imperador, ele foi nomeado Procurador da Judeia. Ao aceitar o posto, ele pediu e conseguiu o privilégio, não muito comum, de levar consigo sua esposa.

Até recentemente, não era normal que as esposas acompanhassem seus maridos às províncias. O fato de ela estar presente na Judeia, e depois em Jerusalém, em uma época na qual havia risco de segurança, indica que ela e Pilatos tinham um relacionamento mais próximo do que o normal.

A intervenção de Cláudia no julgamento de Jesus brilha nessa página da história como um raio de sol em um dia de inverno. Foi uma ação de graça em um dia nublado pela tristeza. Mateus nos conta só o que ela fez. Nós mesmos temos que supor qualquer coisa sobre ela a partir do texto, da melhor maneira que conseguirmos. Sabemos que ela é a única mulher romana citada nos Evangelhos, e que é a única mulher de alta posição que foi, de alguma maneira, afetada por Jesus. Parece que o marido confiava nela, senão ela não teria ousado intervir em um julgamento no qual ele era o representante de Roma e o juiz do caso. Nós sabemos que ela se impressionou com Jesus a ponto de ele entrar em seus sonhos. Ela conhecia Jesus suficientemente bem para proferir um julgamento perspicaz sobre ele. Teve a coragem de ignorar as possíveis repercussões que sua ação poderia ter e enviar a mensagem ao seu marido. Era uma mulher notável.

Um sonho surpreendente

Os sonhos têm pouco lugar nos Evangelhos, e só aparecem em Mateus. Na história do nascimento de Jesus, são relatados três sonhos que José teve e um que veio aos três magos. O único outro sonho foi o da esposa de Pilatos, na noite antes da morte de Jesus. Como ela acabou sonhando com Jesus? O mais provável é que, na noite anterior, alguém da alta hierarquia judaica tenha ido à casa de Pilatos para assegurar a cumplicidade deste na pena de morte que Caifás e os chefes dos sacerdotes queriam imputar a Jesus. Eles não tinham muito tempo, só um dia, para assegurar e implementar a condenação, pois

7 — A esposa de Pilatos: casamento e sonhos

não poderiam permitir que o julgamento interferisse com as festividades da Páscoa.

Então, depois de Judas ter revelado aos chefes dos sacerdotes onde Jesus estava, eles planejaram envolver soldados romanos na prisão, e Pilatos, o governador, deveria estar pronto para carimbar o veredicto e a pena. Parece bastante provável que Cláudia, sua esposa, acabara ouvindo a conversa entre Pilatos e o líder judeu, ou ficara sabendo da história pelo próprio marido. Para satisfazer os chefes dos sacerdotes, Pilatos tinha concordado em dar seu consentimento formal para a execução de Jesus.

Sabendo de tudo isso, Cláudia se retirou para uma noite de sono e sonhou. Ela acordou na manhã seguinte com o som da multidão do lado de fora de sua residência e percebeu que os procedimentos sobre os quais ela tinha se informado na noite anterior já estavam acontecendo. Ela escreveu a famosa frase, convocou um mensageiro, e a enviou para Pilatos, imediatamente. – *Não se envolva com esse justo, porque hoje, em sonho, sofri muito por causa dele* (Mt 27.19).

Não sabemos o que ela sonhou. Sabemos apenas que ela sonhou, e que foi um sonho desagradável, que a fez sofrer bastante. Parece que Cláudia teve um pressentimento de que algo ruim estava para acontecer com um "justo", e temia que seu marido se envolvesse na história. Ela queria tentar impedir o envolvimento dele. Seu medo pode ter vindo do que ela ouvira na noite anterior.

Pilatos foi influenciado pela mensagem, uma vez que tentou de todas as maneiras libertar Jesus. Ele não carimbou automaticamente a decisão dos chefes dos sacerdotes. Para a surpresa deles, ele decidiu interrogar Jesus pessoalmente. Pilatos agarrou uma possível saída quando descobriu que Jesus era Galileu, e o enviou a Herodes. Depois, reportou aos líderes do povo que Herodes não o tinha considerado culpado. Três vezes, ele mesmo disse que não achava culpa em Jesus. Não adiantou nada. Eles disseram que iriam denunciá-lo ao Imperador, e ele engoliu. Mesmo então, com uma dramática lavagem de mãos, Pilatos tentou se absolver da responsabilidade do julgamento.

Tudo o que sua esposa conseguiu foi atrasar a ação do marido. O relato do sonho, no texto, mostra as opiniões divididas sobre Jesus que giravam ao redor da Cruz. A sensibilidade dela em relação ao sonho convenceu-a de que Jesus era inocente, um veredito que seria repetido por Herodes, pelo ladrão na cruz e pelo centurião que executou a crucificação.

Um lamento diário

Parece claro que havia um amor sólido entre Pilatos e sua esposa. Para esse homem mundano e sem princípios, o amor de sua esposa era uma virtude redentora. O Império Romano estava mergulhando rapidamente em um caminho de corrupção crescente. O que os maridos mais queriam era ficar livres dos olhares vigilantes de suas esposas, e elas queriam ser deixadas a sós para viverem sua vida superficial entre os prazeres da hedonista cidade de Roma. A esposa de Pilatos preferiu encarar a solidão de uma vida entre pessoas estranhas. O amor se aproveitou do afrouxamento das regras, e ela viajou com seu marido.

Não é preciso ir muito longe, no entanto, para ver que, embora o amor deles ainda persistisse, qualquer esperança que ela possa ter tido em relação ao que o jovem Pilatos se tornaria, não se concretizou. A carreira que ela tinha tão esperançosamente antecipado para ele tinha se deteriorado. Não estava funcionando. A realidade era algo bem diferente. A falta de discernimento e os atos cruéis haviam os deixado com poucos amigos. Que tristeza é para uma mulher de sensibilidade apurada estar ligada em casamento a alguém incapaz de compartilhar seus ideais. Que coração pesado uma mulher tem quando precisa esconder os hábitos do pai dos olhos dos filhos, impedir que ouçam o que se diz sobre suas ações, ensiná-los uma verdade que ele não conhece e a orar uma oração da qual ele não compartilha. Que sombra cai sobre o seu espírito quando ela acompanha o enfraquecimento do caráter dele e enxerga através de sua dissimulação e covardia moral, enquanto ele persegue sua ambição doentia! Esse era o sofrimento da esposa de Pilatos.

Que agonia ela deve ter sofrido no decorrer daquele dia! Ela viu o marido se acovardar, ceder diante do grito rouco da multidão que pedia por *"Barrabás"*! Ele parecia disposto a jogar a inocência, a gentileza e a santidade ao vento se, ao menos, pudesse manter seu cargo! A mulheres de Jerusalém, que viram a esposa de Pilatos olhando de sua janela e invejaram sua vida fácil e luxuosa, nunca adivinhariam como essa nuvem de sofrimento e vergonha era constante. Ela sabia que era a esposa de um homem sem honra.

Uma devoção tocante

Era um ato perigoso enviar uma mensagem para um juiz sobre o caso que ele estava presidindo. Cláudia, porém, não hesitou em fazê-lo. *E, estando Pilatos sentado no tribunal, a mulher dele mandou dizer-lhe* (Mt 27.19). Era preciso uma coragem incomum. Era o último recurso de um coração amoroso, era um último apelo. Somente a atrocidade do que ela viu que estava para ser feito poderia tê-la movido a fazer isso. A coisa mais útil que uma esposa pode fazer pelo seu cônjuge é ficar na sombra enquanto ele é exposto à vida pública. Satisfazer-se em ser uma conselheira nos bastidores, uma auxiliadora, uma consciência gentil, porém fiel, é uma função nobre. Não há relacionamento tão próximo como aquele em que um homem ou uma mulher deixa pai e mãe. Não existe influência tão forte como a exercida dentro da aliança de um bom casamento. As Escrituras nos mostram como essa influência é grande. Quando cônjuge conspira com cônjuge, como Jezabel fez com Acabe, como Herodias fez com Herodes, como Safira fez com Ananias, não pode haver final feliz. Quando uma mulher faz da sua casa um santuário, como Ana; ousa em nome de Deus, como Ester, ou vive uma vida irrepreensível, como Zacarias e Isabel, reinos podem ser salvos e profetas nascem.

No palácio do Doge, em Veneza, existe um afresco tão grande que ocupa toda a parede final do luxuoso Salão do Conselho. É uma pintura em três partes do céu, purgatório e inferno. Os guias mencionam aos visitantes que o pintor retratou sua esposa em cada uma das três seções da pintura. Ele a colocou, em primeiro plano, em cada uma delas, facilmente visível em seu manto azul. O mesmo rosto amável nos olha do céu, com pureza santa brilhando nos olhos; do purgatório, com um lampejo vulgar e sensual; e do inferno, com o horror de uma agonia sem arrependimento. Se você perguntar pelo significado desse estranho procedimento, será incentivado a ler sobre a vida do pintor. Às vezes, a esposa dele era o seu bom anjo, guiando-o no caminho de Deus e dos céus; às vezes, ela se tornava simplesmente a argila vulgar e comum da terra; e outras, a tentadora dos atos vergonhosos. Se Cláudia fosse a pintora, ela poderia ter pintado seu Pilatos com esses três semblantes. Contudo, nós a vemos como uma constante bênção, em qualquer que fosse o papel em que encontrasse seu marido.

Do lado do Senhor

Naquele dia da crucificação, Cláudia estava do lado do Senhor. Não sabemos quanto ela sabia sobre Jesus, ou se ela sequer o conheceu. Sua opinião sobre ele é que Jesus era um "justo". Essa frase significava muito na boca de uma mulher romana. Uma das coisas das quais os romanos mais se orgulhavam era do seu sistema legal, pelo menos em relação aos seus próprios cidadãos. Ela queria essa justiça romana para Jesus. Ela sabia, instintivamente, e talvez por evidências que tivesse visto ou ouvido, que Jesus não merecia morrer. Era inocente das acusações feitas contra ele. Era um homem justo. Esse era o maior reconhecimento que um romano poderia dar, e a sentença mais forte que um juiz poderia pronunciar.

Ela sentiu que queria fazer tudo que estivesse em seu poder para que ele fosse inocentado e libertado, mas sua ação estava fora de contexto. O que ela disse era verdade, mas não poderia ter adivinhado quais teriam sido as terríveis consequências se sua intervenção tivesse funcionado. Não haveria morte pelos pecados, e não haveria perdão para a humanidade. É por isso que, em muitas das peças medievais conhecidas como mistérios,

Satanás é retratado como aquele que falou com ela em sonho. Ele é representado tentando impedir a morte de Cristo por meio dela. Esse tipo de dramatização não sugere a verdade, mas a questão levantada não pode ser negada. Jesus estava morrendo pelos pecados. *"– Não é verdade que o Cristo tinha de sofrer e entrar na sua glória?"* (Lc 24.26,46). Era exatamente por ser justo que ele podia salvar a nós todos. Como Pedro diz: *Pois também Cristo padeceu, uma única vez, pelos pecados, o justo pelos injustos, para conduzir vocês a Deus* (1Pe 3.18). Na verdade, Jesus estava tornando possível a mudança que Cláudia tanto ansiava para seu marido e para ela mesma. Não sabemos se essa mudança chegou a acontecer. Existem tradições apócrifas que dizem que ela se tornou seguidora de Jesus. Não sabemos se isso é verdade, mas, até hoje, a esposa de Pilatos encabeça toda aquela procissão de mulheres marcantes que procuraram fazer por Cristo tudo o que podiam.

Para todas aquelas esposas e maridos que foram reconciliados com Deus pela morte de Jesus, a esposa de Pilatos é um modelo de como viver em seu casamento. Na verdade, Jesus antecipou nossa necessidade de saber disso. Aqueles que alimentam os famintos, acolhem os estrangeiros e visitam os doentes e os presos, o fazem por ele.

Mas existem tarefas que só os ricos, os nobres e os famosos podem fazer. Se Deus deu a você uma posição elevada, ou mais recursos e tempo livre do que aos outros, talvez ele visite seus sonhos e o acorde do sono para um serviço que só você pode fazer. Ao olharmos para Jesus sendo julgado no final da *via dolorosa*, será que não vemos um chamado para nós, para que façamos algum serviço pela causa da justiça, um serviço que só nós podemos fazer?

8
A multidão e Barrabás

Os gritos de *Hosana nas alturas!* (Mt 21.9) foram silenciando à medida que o eco reverberou na escuridão do amanhecer da Sexta-feira Santa. *Crucifique-o! Crucifique-o!* (Mc 15.13s). Sob a luz inconstante das tochas dos soldados, o chicote e a coroa de espinhos lançavam sombras distorcidas como galhos de palmeira contra as paredes do palácio de Pilatos, à medida que os gritos de *Bendito o que vem em nome do Senhor e que é Rei de Israel* (Jo 12.13) se distorceram, transformando-se no irônico refrão: – *Não temos rei, senão César* (Jo 19.15). Do aplauso e adulação à humilhação e cuspes, a multidão volúvel oscilou entre o Domingo de Ramos e a Sexta-feira Santa, quando Pilatos lhes ofereceu uma escolha entre Jesus e Barrabás. O que influenciou a multidão a querer que Pilatos soltasse Barrabás e condenasse Jesus à morte?

A narrativa de Marcos 15 sugere um costume arraigado para tentar aplacar o povo: *Ora, por ocasião da festa, era costume soltar ao povo um dos presos, aquele que eles pedissem* (v.6), seguido de um fato: *Havia um, chamado Barrabás, preso com rebeldes, os quais em um tumulto haviam cometido homicídio. Vindo a multidão, começou a pedir que Pilatos lhes fizesse como de costume* (vs.7s). Esse pode ter sido o verdadeiro motivo para o ajuntamento da multidão, não o julgamento de Jesus, mas a libertação de um prisioneiro. Pilatos ofereceu Jesus à multidão, achando que ele fosse popular entre o povo, e que só os sacerdotes queriam sua morte (v.9s). Os sacerdotes arquitetaram o pedido por Barrabás (v.11). Pilatos, então, tentou promover um pedido por Jesus ou, em último caso, até oferecer ao povo os dois, Jesus e Barrabás (v.12). A resposta inesperada veio: – *Crucifique-o!* (v.13). Convencido da sua inocência, Pilatos chegou a perguntar, incredulamente: – *Que mal fez ele?*, mas eles gritavam ainda mais: – *Crucifique-o!* (v.14). A prática estabelecida de agradar a multidão, independentemente de princípios, então se afirmou: *Então, Pilatos, querendo contentar a multidão, lhes soltou Barrabás* (v.15). *Por isso, Pilatos tomou Jesus [...] entregou Jesus para ser crucificado...* (Jo 19.1,16).

O que fez a multidão escolher Barrabás e rejeitar Jesus? Essa escolha pode ser analisada melhor se nos concentrarmos em Barrabás, esse homem que não fez nem falou nada na história dos Evangelhos, mas que o povo escolheu no lugar de Jesus. Insignificante em si, ele lança uma luz significativa sobre o povo naquela manhã histórica.

A escolha da multidão

A multidão, em primeiro lugar, fez uma escolha casual. O povo não tinha vindo pedir uma pessoa específica. Não tinha nome algum em mente. Não tinha raiva anterior de Jesus, pois, apenas alguns dias antes, havia agitado suas folhas de palmeira e gritado *"Hosana!"*, enquanto ele entrava em Jerusalém. A libertação era apenas um dos eventos das festividades. A escolha foi simplesmente a dinâmica do grupo em ação na multidão infectada com o espírito de feriado. Pilatos sugeriu Jesus; os sacerdotes pressionaram por Barrabás. Barrabás lhes agradou, e eles exercitaram seu privilégio de escolher a pessoa a ser solta. Foi uma escolha casual, feita levianamente, não premeditada, feita na empolgação do momento.

O fato de a escolha deles ter sido casual, no entanto, não a torna menos significativa. Os psicólogos nos dizem que as ações casuais, impensadas, não premeditadas, sugerem as melhores pistas para o verdadeiro estado da pessoa. O mesmo princípio se aplica à multidão. A decisão momentânea dela oferece uma pista importante de sua situação real, o motivo emocional por trás do fato de eles terem escolhido Barrabás.

Uma escolha emocional

Pense na cena. Pilatos, cercado por soldados romanos e pela bandeira romana, estava na escadaria de seu palácio, o símbolo supremo do odiado poder da ocupação romana na Judeia. Diante dele estava Jesus, mãos amarradas, olhos vendados, corpo machucado e espancado. Na voz de Pilatos devia haver mais do que um toque de ironia quando ele perguntou à multidão: – *Vocês querem que eu lhes solte o rei dos judeus?* (Mc 15.9). A mesma multidão havia tentado, em outras ocasiões, coroar Jesus como rei. Depois de ele ter alimentado os cinco mil, relata João, a multidão queria proclamá-lo rei à força (Jo 6.15). Na entrada triunfal, eles haviam gritado: *Rei de Israel!* (Jo 12.13). Essa mesma multidão, sem dúvida, tinha lhe dado apoio enquanto ele purificava o templo, expulsando os odiados filhos de Anás. Bancos e mesas foram virados, pombos batiam as asas loucamente em suas gaiolas, os cambistas gritavam e se agarravam a suas sacolas, as crianças engatinhavam por baixo das pessoas à busca das moedas que eram derramadas e rolavam por todo o chão. A multidão tinha gostado daquele espetáculo, o sentimento de poder contra uma hierarquia opressiva. Agora, no entanto, Jesus estava em silêncio, sem se defender, um espetáculo lamentável e um símbolo de sua própria subjugação.

Barrabás, por outro lado, era um rebelde, um nacionalista. Ele tinha sido parte de uma insurreição. Havia atacado Roma. Simbolizava a liberdade que eles tanto ansiavam. Sua rebeldia representava as aspirações políticas do povo de triunfar sobre os seus colonizadores. Barrabás tinha cometido assassinato. Ele acreditava na violência como meio para conseguir seus objetivos políticos e, para a multidão, assim como para muitas pessoas até hoje, essa crença é atraente. Veja aonde a não violência de Jesus o levou, quando eles poderiam, anteriormente, tê-lo feito rei à força. Diante deles estava uma oportunidade de revidar as coisas que Pilatos havia feito, e ele queria empurrar Jesus, fraco e sem graça, a quem até ele tinha ridicularizado com o título de "rei dos judeus". Sim, Barrabás lhes agradava. Ele era um escape emocional para a frustração de um povo oprimido. Ele ia ao encontro dos seus desejos arraigados de liberdade, e a multidão se agitou diante da sugestão de ele ser solto.

Uma escolha irracional

Não é errado desejar a liberdade. É uma característica básica do espírito humano, um ponto comum emocional no decorrer dos séculos e, como tal, é bom e correto. As pessoas não devem, porém, agir apenas instintiva e emocionalmente, mas também racionalmente. Na escolha da multidão por Barrabás, no entanto, ela reagiu emocional e irracionalmente. Os sacerdotes haviam acusado Jesus usando uma justificação política para poderem se livrar dele. Eles o apresentaram a Pilatos como o "rei dos judeus", uma suposta ameaça ao reinado romano. A multidão comprou a ideia, gritando para Pilatos: *– Se você soltar a este homem, não é amigo de César! Todo aquele que se faz rei é contra César! [...] – Não temos rei, senão César!* (Jo 19.12,15). Por um lado, eles declaravam fidelidade ao Imperador e pareciam apoiar a ocupação romana. Por outro, gritavam pela libertação de Barrabás, uma ameaça comprovada contra o reinado romano. A multidão não detectou a inconsistência de sua própria argumentação e foi conduzida a essa escolha irracional e impensada, mostrando pouca consideração pelas questões envolvidas.

Uma escolha irresponsável

Segue também, logicamente, que a multidão fez uma escolha irresponsável. Foi uma escolha do tipo "não poderia me importar menos", feita na ausência de quaisquer valores significativos que influenciassem a decisão. Eles não consideraram o fato de que estavam sacrificando o melhor pelo bom, o mais certo pelo mais atraente, o espiritual pelo material, ou o eterno pelo temporário. Eles não tinham esses valores bem trabalhados. Eram apenas uma multidão. *Panis et circenses* era o resumo de sua existência: pão e circo, comida e entretenimento, e o trabalho apenas como um meio para conseguir uma dessas duas coisas. Eles eram uma multidão normal em um espírito normal de feriado, e o resultado não era inesperado.

Uma escolha fatal

Com certeza, a multidão não percebeu, nesse breve encontro com Pilatos, que tinha também feito uma escolha fatal – fatal para a justiça, para o direito, a verdade, a honra, a integridade e a nobreza; fatal para Jesus, fatal para ela mesma. O comportamento normal era ver a verdade sempre ligada ao cadafalso, e o errado, sempre ao trono. Opressão, injustiça, preconceito, desigualdade, exploração, todos derivam de uma atitude casual e impensada diante da vida. Pilatos tentou forçar a multidão a pensar em termos de certo e errado quando perguntou: – *Que mal fez ele? Porém eles gritavam cada vez mais: – Crucifique-o!* (Mc 15.14). Da mesma maneira, no século 21, nós crucificamos a justiça e a verdade e condenamos pessoas oprimidas e exploradas ao cadafalso quando nossa atitude inconsequente diante da vida nos cega para as questões do nosso tempo.

O comportamento normal da multidão também era fatal para Jesus. Como resultado direto de sua escolha, Jesus morreu – o Salvador justo em vez do injusto Barrabás. É isso que nós precisamos ver. Um comportamento irracional e irresponsável é a própria matéria com a qual a Cruz de Jesus foi moldada. Se você quiser ver a natureza e o fim desse tipo de comportamento, então venha ao Calvário. Os pregos que prenderam Jesus lá não foram forjados com outro material. Pense por um momento neste poema de G. A. Studdert Kennedy, chamado "Indiferença".

Quando Jesus chegou ao Gólgota,
penduraram-no em um madeiro,
Cravaram grandes pregos em suas mãos e pés,
perfurando-os por inteiro;
Colocaram em sua fronte uma coroa de espinhos,
vermelhas eram suas feridas, e profundas.
Pois aqueles eram dias maus e cruéis
e a vida humana era barata.

Quando Jesus veio a Birmingham
simplesmente o desprezaram,
Não tocaram nem sequer em um fio de seu cabelo,
apenas o deixaram morrer;
Pois os homens se tornaram mais gentis,
e não lhe causariam dor,
Apenas seguiram pela rua
E o deixaram na chuva.

Ainda assim Jesus clamou: "Pai, perdoa-lhes,
porque não sabem o que fazem!"
E continuava chovendo, a chuva invernal
que o encharcava mais e mais;
As multidões foram para casa, deixando as ruas vazias
nenhuma viva alma lá fora,
E Jesus, agachado contra a parede,
chorou pelo Calvário.

A Cruz não proclama a natureza covarde dos pecados hediondos; ela lança uma luz, como o raio que ilumina o campo por um instante, sobre a verdadeira natureza de todos os pecados, ou, se preferir, a natureza mortal de boa parte do comportamento normal. A postura de vida dessas pessoas é que as levou a escolher Barrabás e falar de Cristo: *Crucifique-o!*

É muito fácil menosprezarmos e julgarmos aquela multidão de judeus, mas esse tipo de atitude em relação à vida é a mesma de alguns de nós. Emocional e sem consideração, normal, como o comportamento comum das pessoas. Imagine uma multidão no nosso país em uma segunda-feira

8 — A multidão e Barrabás

de feriadão. Se Cristo voltasse hoje, nossas multidões teriam dado o mesmo tratamento que a multidão judia deu naquela Sexta-feira Santa. "Eu não faria isso!", protestamos, mas é preciso provar, fazendo a coisa certa em relação a Jesus Cristo hoje. "Ah, isso é diferente", dizemos. "Isso não é justo, isso é me colocar contra a parede". Sim, é isso mesmo, mas é justamente disso que alguns de nós precisamos para encarar nossa atitude impensada diante da vida e nosso relacionamento casual com Jesus Cristo.

No final da peça *Santa Joana*, George Bernard Shaw faz essa mesma análise do comportamento humano normal. Em um epílogo da peça, situado vinte e cinco anos depois da morte de Joana d'Arc, todos os responsáveis por sua execução, incluindo um cavalheiro do século 20 que traz a notícia de sua canonização, aparecem ao Rei Charles em um sonho. Um por um, eles se ajoelham diante de Joana, em uma ladainha de louvor:

> *"Glorificam-te as jovens do campo [...] Glorificam-te os soldados moribundos [...] Glorificam-te os príncipes da igreja [...] Glorificam-te os juízes na cegueira e escravidão da lei [...] Glorificam-te os verdugos e os executores..." Joana interrompe sua adoração piedosa, exclamando: "Ai de mim, quando todos os homens me glorificam! Peço que vos lembreis de que sou uma santa, e os santos fazem milagres. Agora dizei-me: Poderei acaso ressuscitar e voltar a viver entre vós?" Um por um, eles dão suas desculpas e explicações e saem de cena. Mesmo o cavalheiro do século 20 inclina-se formalmente e sai, dizendo: "A possibilidade de vossa ressurreição não foi examinada no recente processo de canonização. Devo retornar a Roma para novas instruções". No final da peça, Joana, banhada por uma luz branca, como Cristo em suas vestes brancas diante da cadeira de juiz de Pilatos, está sozinha, e profere a última fala da peça: "Ó Deus, que fizeste esta bela Terra, quando estará ela preparada para receber os teus santos? Quando, ó Senhor, quando?"*

Poucos de nós desejariam confrontar um santo. Menos ainda, desejam confrontar Cristo, pois isso nos tira de nosso comportamento humano confortável e normal e faz com que tenhamos que fazer a coisa certa em relação a Jesus Cristo.

A escolha da multidão foi fatal para a justiça, fatal para Jesus e fatal também para eles. – *Que o sangue dele caia sobre nós e sobre os nossos filhos!*, gritou a multidão (Mt 27.25). Ao adotar Barrabás e sua natureza, ela deu a partida na máquina que levou à sua própria destruição. Essa multidão não sabia a quem estava rejeitando, e não sabia que estava fechando o livro de sua história, arriscando seu destino eterno e apagando com seu próprio sopro sua única esperança de paz temporal e grandeza espiritual, quando gritou: – *Fora com este! Solte-nos Barrabás!* (Lc 23.18). Jerusalém desafiou Roma com a atitude de pedir Barrabás, e Roma destruiu Jerusalém e dispersou o povo, expulsando-o para séculos, milênios de perseguição e de antissemitismo. O sangue de Jesus caiu sobre eles e sobre seus filhos.

Aquele que rejeita Jesus Cristo de maneira casual cai sob o julgamento de Deus. Quando nos recusamos a nos ajoelhar diante da Cruz de Cristo e carregá-la, estamos, em silêncio, escolhendo a perdição de maneira tão decisiva quanto se tivéssemos proferido as palavras: – *Que o sangue dele caia sobre nós e sobre os nossos filhos!* (Mt 27.25). *Pilatos lhes perguntou: – Que farei, então, com Jesus, chamado Cristo? Todos responderam: – Que seja crucificado!* (v.22).

À multidão, cinquenta dias depois, Pedro disse:

> – *Portanto, toda a casa de Israel esteja absolutamente certa de que a este Jesus, que vocês crucificaram, Deus o fez Senhor e Cristo. Quando ouviram isso, ficaram muito comovidos e perguntaram a Pedro e aos demais apóstolos: – Que faremos, irmãos? (At 2.36s).*

À multidão, e a todos os homens, desde que estejam dispostos a confrontar sua atitude de indiferença em relação à vida, seu comportamento normal, que crucifica Cristo e seus santos, Pedro respondeu:

> – *Arrependam-se, e cada um de vocês seja batizado em nome de Jesus Cristo para remissão dos seus pecados, e vocês receberão o dom do Espírito Santo. Porque a promessa é para vocês e para os seus filhos, e para todos os que estão longe, isto é, para todos aqueles que o Senhor, nosso Deus, chamar (At 2.38s).*

9
O adultério de Herodes

A terceira cena do julgamento acontece na corte de Herodes. Cercado pelos chefes dos sacerdotes e pelos mestres da lei veementemente acusando Jesus, Herodes o interrogou com curiosidade. Os soldados o ridicularizaram cruelmente, mas Jesus dominou essa cena mantendo seu silêncio. Para Caifás, ele tinha respostas e profecias; para Anás, questões legais; para Pilatos, verdade e raciocínio; para Pedro, um olhar de advertência; mas para Herodes, apenas silêncio. Herodes foi a única pessoa para quem Jesus não tinha nada a dizer. O que Herodes fez para merecer esse silêncio? Tanto a Bíblia quanto a história secular concordam que a raiz desse problema estava em seu adultério, portanto, se quisermos responder a essa pergunta, é bom começar por aí.

A carreira de Herodes

As Escrituras mencionam quatro Herodes: Herodes, o Grande, foi nomeado rei dos Judeus pelo Senado Romano em 40 a.C., e aparece na história do nascimento com os Magos e promovendo o massacre dos inocentes. Herodes Antipas sucedeu seu pai em 4 a.C., e aparece nas histórias dos Evangelhos. Em Atos, Herodes Agrippa é mencionado. Ele aprisionou Pedro, executou Tiago, irmão de João, e perseguiu a Igreja. Herodes Agrippa II é quem foi quase convencido por Paulo a se tornar cristão. Herodes Antipas é o personagem de nossa história.

Pouco sabemos sobre sua vida antes desse evento, mas podemos presumir que um filho de Herodes, o Grande, tenha recebido ao menos uma educação formal na religião judaica. Primeiro, seu pai o tinha nomeado herdeiro único de todo o reino, mas, depois, dividiu o reino em quatro partes, dando a Judeia a seu filho Arquelau; a Itureia e Traconites a seu enteado Filipe; Abilene a Lisânias; e a Galileia e a Pereia a Herodes Antipas, sendo essa divisão o motivo do seu título "tetrarca", ou o governante da quarta parte de um país.

Herodes Antipas foi um governante razoável, de acordo com as fontes disponíveis, não excepcionalmente bom, mas melhor que Arquelau, seu irmão. Educado em Roma, ele era um homem de alguma cultura e bom gosto, e herdou o talento nato de seu pai para a engenharia. A cidade de Tiberíades, construída por Herodes e batizada com o nome do imperador, está em pé até hoje. Ele se casou com a filha de Aretas, rei árabe da Nabateia. Sobre seu matrimônio não sabemos nada, além do fato de ele ter sido formalmente contraído.

A escolha de Herodes

Foi depois de seu treinamento e casamento que surgiu a questão da vida de Herodes. Em uma visita a seu meio-irmão, Filipe, em Roma, ele se apaixonou pela esposa deste, Herodias. Depois de uma conversa sobre casamento, eles chegaram a um acordo: ela iria morar com ele se ele se divorciasse de sua esposa, a filha de Aretas. Agora Herodes tinha que escolher.

9 — O adultério de Herodes

Ele obedeceria à lei de Deus? A Lei de Moisés permitia ao homem se divorciar de sua esposa, e permitia que uma esposa divorciada se casasse de novo (Dt 24.1,4). Assim, Herodes poderia ter se divorciado de sua própria esposa e, se Filipe concordasse em se divorciar de Herodias (o que é pouco provável), eles poderiam se casar. Além do mais, mesmo que Filipe cooperasse com Herodes e Herodias, a Lei de Moisés ainda proibia o casamento: *"Se um homem tomar por mulher a mulher do seu irmão, comete impureza; desonrou seu irmão"* (Lv 20.21 - NVI). Mesmo que seu irmão estivesse morto, a lei não permitiria a Herodes se casar com Herodias por ela ter uma filha, Salomé.

Além das proibições mosaicas contra se casar com a esposa de seu irmão, Herodes ainda tinha que decidir o que fazer com sua própria esposa. Seria fiel aos votos que fizera à filha de Aretas? Honraria sua palavra? E depois, havia o povo. Que tipo de exemplo ele seria para as pessoas que governava? Ou ele ignoraria seus súditos, renunciaria aos votos feitos à filha de Aretas, rejeitaria a Lei de Deus e tomaria Herodias como sua esposa? Herodes não era tolo. Era uma pessoa responsável, que tinha demonstrado ter bom senso em outras questões, conhecia os riscos. Não era sábio, na verdade, era indecente, casar-se com uma parente tão próxima. Seu pai tinha se indisposto com sua própria esposa, tinha ordenado que a executassem, e depois, em remorso e contrição, passou semanas chamando seu nome pelos corredores do palácio. Ele estava se aliando a uma mulher forte e ardilosa, como demonstrava a cláusula do divórcio no seu contrato matrimonial, comentado acima. O que ele poderia fazer? Poderia manter sua primeira decisão, honrar a Deus, ser fiel à esposa, ser um pai e um governante digno. Ou ele poderia seguir suas paixões, desafiar Deus, magoar sua mulher, transformar-se em um mau exemplo para aqueles a quem governava e tomar Herodias. Ele escolheu a segunda opção, calculada e deliberadamente.

A chance de Herodes

Se existe uma coisa clara no Evangelho de Jesus Cristo é que um único pecado, mesmo o adultério, nunca condena um homem. Com Deus, existe misericórdia. Para a mulher pega em adultério e trazida diante de Jesus para ser condenada, ele disse: *"– Também eu não a condeno; vá e não peque mais"* (Jo 8.11). Para a mulher samaritana, que tentou preencher o vazio na sua vida com sexo, Jesus ofereceu a água viva do perdão (Jo 4). Na parábola que Jesus contou do filho pródigo, o pai reinstituiu o filho incondicionalmente no seu retorno, apesar dos protestos do irmão justo (Lc 15.20,31). E assim, para o fariseu que confiava em sua própria justiça e agradecia a Deus por não ser adúltero, Jesus respondeu que era mais provável que adúlteros arrependidos entrassem no Reino do que aqueles fariseus justos que se recusavam a encarar seus próprios pecados (Lc 18.9-14). Deus oferece misericórdia, e Herodes encontrou misericórdia em um homem de Deus chamado João Batista.

O corajoso ministério de João já havia trazido perdão e arrependimento a milhares de pessoas, que vinham até ele para ser batizadas. Às pessoas simples, ele havia dito: – *Quem tiver duas túnicas reparta com quem não tem, e quem tiver comida faça o mesmo* (Lc 3.11). Aos cobradores de impostos, ele disse: – *Não cobrem mais do que o estipulado* (v.13). Aos soldados ele disse: – *Não sejam prepotentes, não façam denúncias falsas e contentem-se com o salário que vocês recebem* (v.14). E a Herodes: *"Você não tem o direito de viver com a mulher do seu irmão"* (Mc 6.18). Isso exigiu coragem.

Jesus disse: *"– Em verdade lhes digo: entre os nascidos de mulher, não apareceu ninguém maior do que João Batista..."* (Mt 11.11). Herodes sabia que isso era verdade e colocou João na prisão. Herodias sabia que era verdade e começou a planejar a morte de João. Embora Herodes tivesse trancado João na prisão, ele não podia ignorar sua consciência. Aqui, então, estava sua esperança.

A esperança de Herodes

Porque Herodes temia João, sabendo que era homem justo e santo, e o mantinha em segurança. E, quando o ouvia, ficava perplexo, embora gostasse de escutá-lo (Mc 6.20). É difícil imaginar um contraste maior do que o existente entre Herodes e João. Herodes era sensual. João era um asceta disciplinado, que vestia peles de animais e se alimentava de gafanhotos e mel silvestre. Herodes era ambicioso. João tinha renunciado à honra terrena, dando lugar a Jesus ao afirmar: – *... mas vem aquele que é mais poderoso do que eu, do qual não sou digno de desamarrar as correias das suas sandálias...* (Lc 3.16). Herodes era ardiloso e traiçoeiro, sendo chamado por Jesus de *"essa raposa"* (Lc 13.32); João era curto e grosso. Herodes corporificava as coisas do mundo; João corporificava a retidão corajosa. Mesmo assim, uma atração irresistível conduzia Herodes a ele. A verdade religiosa e moral que João proclamava repelia, confundia e, mesmo assim, atraía Herodes. Ele dava as costas para logo depois voltar. Ele o prendeu, mas o mandava chamar à sua presença para ouvi-lo. Fica claro que havia esperança para Herodes naquele momento, mas, a cada dia que ele cedia à vontade de Herodias mantendo João na prisão, pregava mais um prego em seu caixão espiritual.

Tem sido assim com muitas pessoas, até hoje, em relação aos ensinamentos de Jesus. Deixamos de lado, por questões práticas, os ensinamentos de Jesus sobre o preconceito racial, a exploração econômica e a guerra. Mas não dá para esquecê-los. Dizemos para nós mesmos: com certeza, a vontade de Deus não é uma distribuição igualitária das nossas riquezas no Ocidente, com uma porção mais justa para o Terceiro Mundo, ou o fim do armamento nuclear. Porém, assim como alguém insistente que bate à porta e não vai embora, a verdade da Palavra de Deus nos atrai, confunde e intriga. Como Herodes, aprisionamos a verdade de Deus, mas somos irresistivelmente levados a ouvir e a escolher.

A mudança de Herodes

Herodes teve uma chance, mas esperou tempo demais. *Herodias odiava João Batista e queria matá-lo...* (Mc 6.19). Ela também estava esperando, e agora tinha chegado a hora oportuna: um banquete de aniversário com altos oficiais de Herodes, comandantes militares e homens-chave da Galileia. Ela foi astuta ao escolher a situação. Pediria a morte de João a Herodes na frente de todas as pessoas importantes do reino. Ela foi astuta em seu método, uma dança sedutora, pois Herodes era claramente vulnerável a esse tipo de coisas, como ela bem sabia. Foi astuta ao escolher o momento certo. Empolgado pela dança, Herodes impulsivamente disse a Salomé: *– Peça o que quiser, e eu lhe darei. E fes este juramento: – O que você me pedir eu lhe darei, mesmo que seja a metade do meu reino. Ela saiu e foi perguntar à mãe: – O que pedirei? A mãe respondeu: – A cabeça de João Batista* (vs.22-24).

O que Herodes poderia fazer? Ele tinha feito um juramento e não queria quebrá-lo. Tinha feito uma promessa diante de muitas pessoas importantes e não queria perder o respeito. Seu orgulho e prestígio estavam em jogo. Assim como muitas pessoas depois dele, para quem uma demonstração de coragem diante de uma multidão é mais importante do que as implicações morais, Herodes enviou um carrasco com ordens de trazer a cabeça de João Batista. Com quanta nobreza é possível disfarçar um ato terrível. Manter sua palavra, de repente, tinha se tornado extremamente importante, mas era tarde demais. Herodias, o símbolo vivo de sua falta de palavra, tinha armado, com sucesso, uma segunda vez para ele quebrar uma lei moral. Contra seu próprio julgamento justo, ele se rendeu aos estratagemas da mulher que havia escolhido para substituir sua primeira esposa. Essa era a crise de Herodes, e ele fracassou. A execução de João Batista silenciou a voz de Deus.

A condenação de Herodes

Quando Jesus ficou em silêncio diante de Herodes, bem cedo na manhã da Crucificação, o passado de repente se tornou presente. Da mesma maneira que Herodes havia ouvido com curiosidade João Batista, *quando Herodes viu Jesus, ficou muito contente, pois havia muito queria vê-lo...* (Lc 23.8). Algumas pessoas estavam dizendo que Jesus era João ressuscitado (Lc 9.7-9) e Herodes estava perplexo. Quem sabe, perseguido por um resquício de consciência, ele até mesmo esperava secretamente que isso fosse verdade. O mais provável é que ele simplesmente queria ser entretido por algum espetáculo, ver Jesus fazendo algum milagre (Lc 23.8). *E de muitas maneiras o interrogava, mas Jesus não lhe respondia nada* (v.9).

O que Herodes perguntou a Jesus? Seria forçar muito a barra supor que Herodes tenha perguntado sobre João Batista? Se João tinha realmente sido um profeta? Se João estava certo e ele errado a respeito de Herodias? Se ele deveria ter dado ouvidos a João no final das contas? Não sabemos o que Herodes perguntou a Jesus. O que sabemos é que outros que adiaram demais a hora de escolher entre certo e errado têm perguntas. Eles queriam ter uma segunda chance para tomar uma decisão crucial de novo. Olhando para trás, passaram dias de agonia, pensando muito sobre o que deveriam ter feito.

À medida que Herodes perguntava e Jesus permanecia em silêncio, sua própria consciência o acusava e o culpava. Mas Jesus não disse nada. Para o ladrão na cruz, ele tinha a salvação; para os soldados, perdão; para as mulheres, cuidado; por sua mãe e João ele tinha preocupação; mas, para Herodes, não tinha nada. Nem uma palavra. Herodes tinha silenciado a voz de Deus. Os papéis estavam invertidos e não era mais Jesus que estava diante do juiz Herodes, era Herodes quem estava diante de Jesus, o juiz. E Herodes agiu com as únicas armas que lhe restaram: menosprezo, zombaria e desdém, o mecanismo de defesa da consciência ferida. Mais uma vez, Herodes encarou uma crise moral e fracassou, e mandou Jesus de volta para Pilatos.

O fim de Herodes

A morte de Herodes depois desse episódio é significativa. O divórcio de sua primeira esposa provocou uma guerra contra Aretas, que dizimou os exércitos de Herodes. De acordo com Josefo, as pessoas consideraram essa derrota um julgamento divino sobre Herodes pelo assassinato de João. Quando Herodes foi a Roma para pedir autoridade sobre os judeus, foi acusado de má administração e foi exilado para a Gália, onde morreu em 39 d.C. Herodes Agrippa recebeu o favor de César, e Herodias ficou verde de inveja. Josefo escreve sobre isso:

> *"Ela ficou perturbada e muito contrariada... não conseguia esconder o quanto se sentia miserável. Ela não conseguia suportar viver mais enquanto Agrippa prosperava e seu marido não. Foi assim que Deus puniu Herodias por inveja do seu irmão e Herodes também, por dar ouvido aos desejos de vingança de uma mulher".*

Assim, Herodes morreu, incapacitado de fazer um julgamento correto por uma estúpida fraqueza, um orgulho teimoso e por sua falência moral. Ele havia silenciado a voz de Deus.

10
Simão de Cirene
Sentindo o peso da Cruz

Simão de Cirene foi o homem que carregou a Cruz de Jesus durante o último trecho do caminho até o lugar em que ele morreu. Foi depois que os soldados já o tinham maltratado e humilhado. Marcos descreve:

> *Depois de terem zombado dele, tiraram-lhe o manto púrpura e o vestiram com as suas próprias roupas. Então conduziram Jesus para fora a fim de o crucificarem. E obrigaram Simão Cireneu, que passava, vindo do campo, pai de Alexandre e de Rufo, a carregar a cruz de Jesus. E levaram Jesus para o Gólgota, que quer dizer "Lugar da Caveira". (Mc 15.20-22)*

Uma grande visita

Cirene era uma cidade do norte da África, na região que hoje chamamos de Líbia. Judeus haviam se estabelecido nessa cidade por centenas de anos. Josefo nos conta que eles formavam um quarto da população local. Os judeus da Diáspora nunca faziam dos países aos quais eles foram espalhados seus lares definitivos. Quer fossem para leste, ou para oeste, existia um lugar que era sagrado para eles acima de tudo. Assim como todos os exilados, eles tinham saudades de casa. *Se eu me esquecer de você, ó Jerusalém, que a minha mão direita resseque* (Sl 137.5) era o Salmo que motivava seus corações. Eles continuaram a usar os nomes de suas famílias, e, em uma delas, cresceu um menino chamado Simão. Ele cresceu ouvindo a história da fé de Abraão e cantando os Salmos de Davi. Quando adulto, o fogo alimentado pela devoção de sua família incendiou em seu coração um desejo de conhecer Jerusalém. Ele queria caminhar pelas ruas da cidade que Deus havia escolhido para dar a conhecer o seu nome. Ele ansiava por participar das festividades da Páscoa e alimentar sua fé nos altares do templo. *Pararam os nossos pés junto às suas portas, ó Jerusalém!* (Sl 122.2). Seus compatriotas, judeus de Cirene, tinham até uma sinagoga na cidade (At 6.9).

Assim como muitos peregrinos que se amontoavam na superlotada Jerusalém na época da Páscoa, ele teve que encontrar hospedagem nos arredores, indo todos os dias até a cidade. Seu coração estava repleto da alegria da Páscoa. Era uma grande experiência para ele. No dia em que entrou em nossa história, ele não sabia quão grande essa experiência seria. Quando estava chegando na cidade, Jesus estava sendo levado para ser crucificado.

Tinha sido uma noite terrível para Jesus. Quinze horas haviam se passado desde que ele acabara de lavar os pés dos discípulos. E que quinze horas haviam sido! Teve que ficar amarrado durante as longas horas do seu julgamento diante de uma corte ilegítima sob acusações fraudulentas. Ele tinha enfrentado a traição de discípulos, a justiça sumária de juízes hostis e os castigos de soldados insensíveis. Não é de se surpreender que tenha achado sua cruz um fardo maior do que podia carregar. Ele titubeou, balançou e caiu. Os soldados olharam em volta, procurando alguém para substituí-lo. Eles mesmos não moveriam um dedo para ajudar um criminoso. Também não ousariam colocar as mãos em um sacerdote, ou sugerir um insulto desses a um cidadão.

10 — Simão de Cirene: sentindo o peso da Cruz

Uma grande honra

Mas lá estava um estrangeiro, que vinha se acotovelando pelo meio da multidão para ver o que estava acontecendo. Aquele desconhecido, peregrino da África, foi forçado a assumir a tarefa. A cruz foi colocada sobre seus ombros. Com soldados na frente e atrás, por entre filas de aço brilhante, Simão de Cirene carregou a cruz de Jesus enquanto ele seguiu, titubeando, até o lugar da execução. Esse Simão recebeu a grande honra de ser a única pessoa que, de alguma maneira, compartilhou com Jesus qualquer parte da dor e da vergonha da Cruz. A não ser por Simão, Jesus encarou a missão de salvar as pessoas sozinho. Ele estava sozinho no Jardim, e reclamou que seus discípulos não conseguiam ficar uma hora acordados com ele. Permaneceu solitário em seus julgamentos. O monarca sem súditos foi vestido com um manto vermelho, identificado com uma coroa de espinhos em sua cabeça e tinha uma vara como cetro. Ladrões eram sua única companhia na Cruz. Só ao carregar sua cruz ele foi auxiliado por alguém e, mesmo assim, em apenas uma parte do caminho. O último esforço da cruz foi feito por outra pessoa. Essa pessoa foi Simão de Cirene, do norte da África.

Mateus, Marcos e Lucas mencionam esse homem nos seus diferentes relatos da morte de Jesus. Seu nome e seu feito são lembrados como a única pessoa que, de alguma maneira, sentiu o peso da cruz e aliviou o sofrimento de Jesus.

Uma grande recompensa

Jesus nunca permitiu que honra alguma feita a ele e serviço algum prestado a ele passasse sem recompensa. Quando uma mulher do interior o convidou para seu casamento, ele transformou a água em vinho. Quando um lar humilde lhe ofereceu hospedagem em um dia de sábado, ele tocou a hospedeira e expulsou sua febre. Quando uma samaritana lhe deu um gole de água do poço, ele lhe deu de beber a Água da Vida. Quando uma mulher pobre e renegada pela sociedade parou para beijar seus pés, ele a dispensou com uma bênção de paz. Nenhum copo de água dado a Jesus passou sem sua recompensa. E esse serviço único feito por Simão teve sua grande recompensa. E qual foi ela? Pela maneira que a história é contada nos três Evangelhos, ele obviamente encontrou a salvação. Resta pouca dúvida de que ele tenha se tornado discípulo de Jesus. Teria sido uma surpresa se qualquer pessoa tivesse chegado tão perto de Jesus, feito tanto por ele, e não tivesse sido levada ao seu Reino, ao ver tudo o que esse homem suportou em face de tamanha rejeição e sofrimento.

Marcos, no entanto, nos dá a dica certa. Lá em Cirene, esse peregrino da Cidade Santa tinha deixado dois filhos pequenos. Ele lhes tinha ensinado a temer o Deus de Jacó. A paixão do seu coração foi convertida em oração para que eles pudessem crescer na fé e na obediência a Deus. Marcos nos conta que ele era o pai de Alexandre e de Rufo. Quando o nome das pessoas é citado nos Evangelhos, geralmente é porque eles eram conhecidos da Igreja Primitiva. A grande recompensa dada a Simão foi ver seus dois filhos conhecidos, amados e honrados na Igreja de Cristo. Para qualquer pai cristão, a maior das recompensas é ter seus filhos seguindo seus passos.

Precisamos observar que o pai que eles seguiram foi alguém que carregou a cruz de Jesus sem grandes alardes. O que deixamos para os nossos filhos? Uma educação melhor do que a que tivemos? Melhorias em suas carreiras? Eles darão valor a essas coisas. Dinheiro e propriedade são coisas boas. Precisamos trabalhar duro e fazer sacrifícios para podermos passar essas coisas adiante. Simão nos mostra uma maneira melhor. Aceite a Cruz de Cristo que, com certeza, lhe será oferecida. Então talvez você deixe seus filhos tão pobres quanto seu pai o deixou. Mas deixará para eles um legado que não pode diminuir a memória permanente de um pai que carregou a Cruz de Jesus. Mesmo quando nós tivermos ido, toda a Igreja se levantará e nos chamará de abençoados. Isso evidencia para nós:

Uma grande oportunidade

Existe mais um fato importante para observar a respeito de Simão de Cirene. Sua oportunidade de carregar a Cruz veio repentina e inesperadamente. Ele estava na cidade na mesma condição que todos os outros turistas de lugares distantes. Sem dúvida, ele tinha planejado o que iria visitar naquele dia. Mas nunca chegou a ver esses lugares. Os soldados grosseiros não lhe deram chance. Antes que se desse conta, ele estava penando sob o peso de uma cruz pesada. Ele poderia ter se ofendido. A maioria das pessoas se ofenderia. Ele poderia ter amaldiçoado os Romanos e Jesus, e todos que estivessem em volta pela sua má sorte. Mas não o fez. Ele encontrou Jesus nas condições às quais fora sujeito.

Cruzes, muitas vezes, vêm assim, de repente, inesperadamente. Aceitá-las depende da atitude que tomamos quando recebemos a imposição. Geralmente é uma escolha depois de um longo tempo de ponderação. O teste vem por meio de nossas atitudes normais. Se elas forem negativas, nós evitaremos a cruz. Se formos levianos, nem reconheceremos que é uma cruz. Existe uma grande tendência de evitarmos carregar nossa cruz. Porém, Jesus deixou claro que, se alguém quiser segui-lo, não poderá escapar de tomar sua cruz. Apenas pela perda a vida pode ser salva. Apenas se o trigo cair no chão e morrer poderá gerar fruto, muito ou pouco.

Pode ser bastante difícil tomar sua cruz. O arcebispo Anthony Bloom nos conta uma história da Guerra Civil Russa. Uma pequena aldeia que estava sob o controle do remanescente das tropas Imperiais caiu nas mãos do Exército Vermelho. Uma mulher estava lá com seus dois filhos pequenos, de cinco e seis anos, correndo risco de morte, porque seu marido pertencia ao exército do Czar. Ela se escondeu em uma casa abandonada, esperando que viesse o tempo em que consegui fugir. Uma noite, uma mulher de vinte e poucos anos, Natalie, da mesma idade que a mãe das crianças, bateu à porta e perguntou se ela era aquela mulher. Quando a mãe disse que sim, a jovem acrescentou: "Você precisa fugir imediatamente". A mulher olhou as crianças e disse: "Como eu poderia?" A jovem, que até esse momento não tinha sido nada além de uma vizinha, tornou-se naquele momento uma vizinha no

Evangelho. Ela disse: "Você pode, porque eu vou ficar no seu lugar e usar seu nome quando eles vierem atrás de você". "Mas eles vão atirar em você", disse a mãe. "Sim, mas eu não tenho filhos". E ela ficou.

Podemos imaginar o que aconteceu depois. Podemos ver a noite caindo, cobrindo a casa com sua escuridão, a penumbra, o frio, a umidade. Podemos ver ali uma mulher que estava esperando a morte, e podemos nos lembrar do jardim do Getsêmani. Podemos imaginar Natalie pedindo que aquele cálice fosse afastado dela, e sendo encontrada, como Cristo, apenas pelo silêncio. Podemos imaginá-la pensando sobre aqueles que poderiam tê-la apoiado, mas que não estavam lá. Os discípulos de Cristo adormeceram, e ela não podia recorrer a ninguém sem trair sua causa. Podemos imaginar que, mais de uma vez, ela orou pedindo que, pelo menos, seu sacrifício não fosse em vão.

Natalie provavelmente se perguntou mais de uma vez o que aconteceria com a mãe e seus filhos uma vez que ela estivesse morta, e não havia nenhuma resposta a não ser a palavra de Cristo: *"– Ninguém tem amor maior do que este: de alguém dar a própria vida pelos seus amigos"* (Jo 15.13). Provavelmente ela pensou mais de uma vez que, em um minuto, poderia estar segura! Bastava apenas abrir a porta, e no instante em que estivesse na rua, não seria mais aquela mulher. Ela se tornaria ela mesma de novo. Bastava negar sua identidade falsa, compartilhada. Mas ela morreu, baleada. A mãe e as crianças escaparam.

Os soldados romanos forçaram Simão a carregar a Cruz, mas Jesus não nos força a carregar a nossa. Ele carregou a Cruz voluntariamente, e espera que nós façamos o mesmo por amor a ele e em resposta ao seu amor por nós. A Cruz não é só um evento histórico. É, até hoje, um princípio contínuo.

Os cristãos primitivos entenderam isso. Ouça o que alguns deles disseram.

Paulo: *O que eu quero é conhecer Cristo [...] tomar parte nos seus sofrimentos e me tornar como ele na sua morte* (Fp 3.10).

João: *Nisto conhecemos o amor: que Cristo deu a sua vida por nós; portanto, também nós devemos dar a nossa vida pelos irmãos* (1Jo 3.16).

Pedro: *Pois que glória há, se, pecando e sendo castigados por isso, vocês o suportam com paciência? Se, entretanto, quando praticam o bem, vocês são* *igualmente afligidos e o suportam com paciência, isto é agradável a Deus. Porque para isto mesmo vocês foram chamados, pois também Cristo sofreu no lugar de vocês, deixando exemplo para que vocês sigam os seus passos* (1Pe 2.20s).

O autor de Hebreus: *Por isso, também Jesus, para santificar o povo, pelo seu próprio sangue, sofreu fora da cidade. Saiamos, pois, a ele, fora do acampamento, levando a mesma desonra que ele suportou* (Hb 13.12s).

A morte de Jesus nos prova que a vida não deriva o seu significado verdadeiro de ter mais, levar uma vida fácil, tentar ser o número um, evitar problemas, fugir das responsabilidades ou agradar a si mesmo. Não, o peso da Cruz precisa ser sentido antes que as alegrias da Ressurreição possam ser experimentadas. Se nos falta paz, alegria e plenitude, se nossas vidas não são tão produtivas quando gostaríamos, provavelmente é por que ainda não sentimos, ou porque afastamos de nós, o peso da cruz.

Tudo é feito para nos fazer ignorar ou esquecer que precisamos carregar a cruz. Ganhar dinheiro impediu Judas de estar lá. A vergonha diante de um rostinho bonito afastou Pedro. Salvar a própria pele impediu os outros dez de estarem disponíveis. Existirão muitas coisas para nos impedir de estar onde o peso da cruz precisa ser sentido. Nós nos esquecemos tão convenientemente.

Um grande corretivo

O objetivo dos nossos cultos de Santa Ceia é nos lembrar regularmente do corpo de Jesus, partido por nós, e do seu sangue derramado por nós. Nós nem sempre deixamos isso acontecer. Podemos usar a Santa Ceia para outros propósitos, ou passar por ela com pouco ou nenhum propósito. Em Corinto, eles transformaram-na em uma ocasião para uma festa de amor em que os ricos se empanturravam e os pobres eram deixados de fora. O que foi feito para ajudar resultou em mal. Jesus não quer que nos esqueçamos da Cruz. Foi por isso que ele nos deu o pão e o vinho. Queria que nós, regularmente, nos lembrássemos da noite em que ele foi traído, e do dia em que ele morreu.

Tenho certeza de que, quando Simão participou da mesa do Senhor, já de volta a Cirene, ou a qualquer outro lugar para o qual a vida o tenha levado, suas lembranças eram bastante específicas, de humildade e evocando gratidão profunda. Também não imagino que aquela vez que ele ajudou Jesus tenha sido a última vez em que tenha ajudado alguém que tivesse uma cruz para carregar. Todos nós recebemos a missão de carregar os fardos uns dos outros, pois um fardo compartilhado é um fardo dividido.

Tu me chamas, através dos séculos frios
E me pede que te siga, e tome a minha cruz,
E que a cada dia eu me abandone, me negue,
E, contra minha vontade, grite: "Crucifica".

Minha natureza teimosa quer se rebelar
Contra teu chamado. Orgulhosos coros infernais
Unem-se para glorificar meu ódio sem fim
À servidão, não me renderei.

O mundo, ao ver minha cruz, pararia para caçoar
Eu não tenho escolha, senão ainda perseverar
Salvar a mim e a ti seguir, distante,
Mais lento que os magos, pois não tenho estrela.

E ainda assim me chamas. Tua Cruz
Oculta a minha, transforma a amarga perda
Que achei que sofreria se fosse
A ti, em ganho imenso.

Ajoelho-me diante de ti, Jesus, crucificado,
Minha cruz está em meu ombro e meu eu, negado;
Seguirei diariamente, de perto, não vou lamentar
Perder a mim mesmo, por amor aos homens e a ti.

(Fonte desconhecida)

A Cruz de Jesus não é só um altar no qual ele se sacrificou para trazer o perdão aos nossos pecados. É, como escreveu Pedro, exemplo, para que sigamos os seus passos (1Pe 2.21).

11
As filhas de Jerusalém
Desastres à luz da Cruz

O caminho da cadeira de juiz de Pilatos até o Calvário foi chamado de "via dolorosa", o caminho da dor. Se isso quer dizer que esse caminho faz cair nossas lágrimas a cada um de seus passos, que seu simples registro poderia renovar e aprofundar nossa tristeza, então é um nome apropriado. Mas se o objetivo for expressar o que passava pela mente de Jesus, não é um nome apropriado. Os Evangelhos não se detêm de maneira mórbida aos sofrimentos físicos ou emocionais da Cruz.

O título "Homem de dores" não vem do Novo Testamento. O mais próximo que os Evangelhos chegaram dessa expressão foi quando os discípulos relataram que algumas pessoas pensavam que Jesus era o profeta Jeremias. Jesus ignorou o comentário. Ao contrário, quando estava na eminência da agonia do Getsêmani e sentia a sombra da Cruz se aproximando, ele disse aos seus discípulos: *"Tenho lhes dito estas coisas para que a minha alegria esteja em vocês, e a alegria de vocês seja completa"* (Jo 15.11).

Em nenhum outro lugar sua atitude fica mais clara do que na sua reação a algumas mulheres que lamentavam e choravam por ele no caminho para a Cruz:

Uma grande multidão de povo o seguia, e também mulheres que batiam no peito e o lamentavam. Porém Jesus, voltando-se para elas, disse: "— Filhas de Jerusalém, não chorem por mim; chorem antes por vocês mesmas e por seus filhos! Porque virão dias em que se dirá: 'Bem-aventuradas as estéreis, que não geraram, nem amamentaram'. Nesses dias, dirão aos montes: 'Caiam em cima de nós!' E às colinas: 'Cubram-nos!' Porque, se isto é feito com a madeira verde, o que será da madeira seca?" (Lc 23.27-31)

Mulheres comuns

A lamentação veio das mulheres, que formavam um pequeno e compacto grupo na grande multidão. Eram mulheres comuns. As esposas dos escribas, dos sacerdotes ou dos homens ricos dificilmente fariam parte desse grupo. Elas carregavam seus filhos nos braços, ou os traziam pela mão, como as mulheres pobres precisam fazer quando se misturam a uma multidão. Eram pessoas simples e trabalhadoras, cujas vidas ocupadas lhes davam poucas oportunidades. Ainda não estavam prontas para reconhecer Jesus como o Messias. Não! Mas sabiam dos golpes do chicote. Elas viam a palidez da fraqueza em seu rosto, e o suor de exaustão em sua testa. Lembravam-se dos seus feitos de misericórdia, do seu amor e anseio pelos seus filhos, da sua compaixão pelos seus doentes. Elas tinham o coração rasgado pela injustiça e falta de piedade que ele suportava. Agora, enquanto Jesus caminhava na majestade de sua personalidade única, o contraste entre ele e o cenário de ódio invejoso e brutal invadiu os corações das mulheres com um apelo irresistível. Os corações delas enxergavam o que existia por trás de cada acusação, cada insulto ou cuspe, cada negação arrogante do sacerdote e do escriba, enxergavam o próprio segredo de Jesus, e elas respondiam fielmente com lágrimas de simpatia.

Nenhum homem demonstrou ou expressou sua simpatia por Jesus no dia em que ele morreu. As pessoas estavam em um clima de carnaval bastante turbulento. Com certeza, havia ali pessoas que viram seus milagres ou ouviram seus ensinamentos. É difícil imaginar que ninguém naquela multidão

11 — As filhas de Jerusalém: desastres à luz da Cruz

tivesse agitado seus galhos de palmeira e gritado *"Hosana!"*, enquanto ele entrava na cidade, cinco dias antes. Existe uma pintura da crucificação, feita por Tintoretto de Veneza, que mostra ao fundo um jumentinho comendo de uma pilha de folhas de palmeiras murchas. É uma lembrança silenciosa para quem vê o quadro da ironia que havia na situação. Nenhum dos homens demonstrou simpatia por Jesus.

Essas mulheres de Jerusalém, no entanto, optaram por negar o clima de festa. Precisamos reconhecer essa decisão de demonstrarem seus sentimentos dessa maneira. Muitas vezes, são as mulheres que sentem e expressam a importância emocional dos eventos públicos.

Porém, quando Jesus ouviu suas ruidosas lamúrias, parou, e toda a procissão parou com ele. Ele virou-se, olhou para aquelas mulheres e, no súbito silêncio que se fez, pediu que elas não chorassem por ele. É uma resposta impressionante. Era de se esperar que Jesus lhes agradecesse pela simpatia. Em vez disso, ele dirigiu sua atenção ao futuro que as esperava, a elas e a seus filhos, agarrados a suas roupas.

É uma atitude típica de Lucas dar importância ao papel que as mulheres desempenharam no dia da Cruz. Logo ele descreverá, assim como os outros Evangelhos, o que as mulheres da Galileia fizeram naquele dia. Apenas Lucas, no entanto, nos conta sobre essas mulheres e a resposta que Jesus deu a elas. Será que o evangelista sente que elas são representativas de todas as mulheres, e que a resposta e as palavras de Jesus revelam sua maneira de pensar?

Essas palavras foram a última mensagem de Jesus antes de morrer. Foram completamente inesperadas. Ele disse às mulheres que chorassem por elas mesmas e por seus filhos, pelo que lhes aconteceria no futuro.

Uma metáfora forte

Jesus usa uma analogia chocante: *"Porque, se isto é feito com a madeira verde, o que será da madeira seca?"* (Lc 23.31). Sobre o que ele estava falando?

Estava se referindo ao futuro cerco e destruição de Jerusalém, que aconteceria quarenta anos depois. Ele já havia se referido a esse evento duas vezes (Lc 19.41-44; 21.20-24). Jesus vê Jerusalém cercada por exércitos, seus muros reduzidos a ruínas, seu templo queimado e completamente destruído. Vê seu povo fugindo em busca de refúgio, procurando os morros vizinhos, e vê a cidade, outrora uma rainha, desolada. E, no horror do cerco, no terrível sofrimento causado pela fome e pela sede, entre a fúria insana da crueldade dos zelotes e a vingança romana, ele viu os golpes mais pesados e sem misericórdia caindo sobre as mulheres. Será a mulher com seus filhos quem passará pela fornalha mais quente. Será a mãe, que viu a alegria feminina suprema da maternidade se tornar uma maldição, que chorará e dirá: *"Bem-aventuradas as estéreis, que não geraram, nem amamentaram"* (Lc 23.29).

Jerusalém foi sitiada pelos romanos durante três anos e, depois, completamente destruída em 70 d.C. Foi uma das piores épocas de assassinato e destruição da história. Jesus fala sobre isso para as mulheres que estavam chorando e se lamentando pelo que estava acontecendo com ele no dia da Cruz. Alguns dias antes, Jesus mesmo olhou para Jerusalém e chorou por ela, por causa da sua tristeza em relação ao destino para o qual ela estava cegamente caminhando.

Se naqueles dias em que a cidade avançava rapidamente para a morte moral, coisas como a crucificação de Jesus estavam sendo feitas em suas ruas, imagine como seriam mais impiedosas e cruéis as cenas de horror e de vingança quando esse declínio moral estivesse completo, e o copo de sua iniquidade se enchesse. Naquela primeira Sexta-feira Santa, a injustiça impiedosa levou a inocência à Cruz, mas não sem algum protesto e lágrimas. O lenho ainda estava verde. Mas depois, a injustiça seguiria seu próprio curso, e a horrível vingança que varre culpados e inocentes cairia sobre a cidade, que não teria mais nem uma fagulha de energia moral. O lenho estaria seco, e pronto para o fogo.

Ele estava dizendo: "Se vocês acham que isso é ruim, ainda não viram nada! Vocês desejarão nunca terem gerado filhos, por causa do sofrimento que verão eles passarem. Não haverá lugar para fugir, nenhuma saída. É por isso que deveriam estar chorando por vocês mesmas e por seus filhos, e não por mim".

Seria a mesma cidade, mas a segunda tragédia seria pior do que a primeira. Essa declaração demonstrava uma grande dose de percepção e presença de espírito, vinda de alguém que tinha ficado em pé, sendo julgado, a noite inteira; que tinha sido ridicularizado e açoitado mais de uma vez e que não teve força suficiente para carregar sua própria cruz. Ele viu sua própria morte como algo que conduziria para o bem. Mais tarde, seria dito sobre ele: *... em troca da alegria que lhe estava proposta, suportou a cruz, sem se importar com a vergonha...* (Hb 12.2).

Um fardo desigual

São sempre as mulheres e as crianças que mais sofrem. Mesmo hoje, as mulheres cumprem 67 por cento das horas de trabalho no mundo, mas ganham apenas 10 por cento da renda mundial e são donas de apenas 1 por cento da propriedade mundial.

Quando a guerra desola uma terra como a de Kosovo, e o chão é manchado pelo sangue, a espada afiada aponta seu lado mais cortante para as mulheres, perfurando seu coração, enquanto ela se senta, em luto por seu marido, irmãos e filhos. Quando a fome está definhando os rostos de milhões de pessoas na Etiópia, são os ouvidos das mulheres que são assaltados por vozes famintas e são seus seios secos que crianças famintas sugam. São elas que sentem as maiores agonias. Em 1984, quando a BBC apresentou um programa sobre a seca e a fome na Etiópia, eles o chamaram de *Calvário Africano*, e Madre Teresa falou sobre as mulheres e as crianças, as maiores vítimas do sofrimento.

Quando as mudanças econômicas empurram homens e mulheres para cidades superpopulosas como Calcutá, e compele seus trabalhadores a se fecharem em fábricas esfumaçadas, em ocupações perigosas, ao lado de materiais venenosos, são as mulheres e seus filhos e filhas que mais sentem o impacto. Quando são abrigadas em longas filas de casas em ruas obscuras e forçadas a tirar o sustento de um salário ínfimo, são as mulheres e as crianças que desmaiam e morrem pelo esforço. Quantos rostos magros e famintos olham, com uma desesperança patética, das janelas daqueles barracos de um quarto! Quantas criancinhas são enroladas em um lençol e carregadas dos barracos para túmulos precocemente! Quando os homens se revoltam contra a ordem e a pureza, e mancham suas mãos com o crime, são as mulheres que mais sofrem. Quando a embriaguez corrompe o sangue de um homem, e a luxúria segue descontrolada em meio à falta de caráter, é quase intolerável pensar nas injúrias sofridas pelas mulheres e pelas crianças. Os pobres corpos subdesenvolvidos carregam feridas abertas que não se curarão. A inércia e os olhos amarelos olham com a vergonha da culpa de outra pessoa atravessando-os. O terrível sofrimento é suportado com um gemido que poucos ouvidos podem ouvir, pela castidade ofendida das vítimas de estupro. *"Bem-aventuradas as estéreis, que não geraram, nem amamentaram"* (Lc 23.29).

Ande pelas ruas e ouça as tristes histórias da vida familiar. Testemunhe a contínua e inútil batalha contra as circunstâncias adversas, contra o medo da pobreza que assombra! Ouça os corações envergonhados e desapontados de mulheres amorosas que precisam trabalhar enquanto choram! Não se torna possível, então, entender o choro nas palavras de Jesus, quando olhou para essas visões pelos séculos, e disse: *"– Filhas de Jerusalém, não chorem por mim; chorem antes por vocês mesmas e por seus filhos!"* (v.28).

É significativo que ele fale no mesmo fôlego sobre sua Cruz e sobre essa "mãe de todos os desastres" que estava para vir sobre eles em breve. Não poderia ficar mais evidente que a Cruz não é nenhuma panaceia, uma cura para todos os males, para a dor. Ela é o intérprete da dor e do sofrimento. Jesus está dizendo: "Não chorem pela Cruz! Chorem pelas coisas que levaram à Cruz!"

Uma resposta difícil

Nós, muitas vezes, ouvimos o lamento: "Por que são as mulheres trabalhadoras e as crianças inocentes que mais sofrem nos desastres de hoje?" É porque a mensagem da Cruz ainda não foi aprendida. A mensagem da Cruz é que há um Deus nos céus que nos ama; que enviou seu Filho, Jesus, para morrer e ressuscitar para nos salvar do pecado que faz as pessoas lançarem amigo e inimigo em um sofrimento sem fim. A Cruz nos conta que Deus não é um espectador indiferente a todos os males e tragédias que afligem a raça humana. Ele não está lá longe, no céu, enquanto essas coisas acontecem aqui. Ele toma parte no problema. A Cruz demonstra isso. Já que nós somos pessoas de carne e osso, o próprio Jesus se tornou como nós e compartilhou nossa natureza humana. Ele não é alguém incapaz de sentir simpatia pela nossa fraqueza. Ao contrário, Ele sofreu todas as tentações que nós sofremos, mas não pecou, de maneira que podemos receber dele misericórdia e graça para nos ajudar quando precisamos (Hb 4.15s).

Eu conheci uma mulher que descobriu isso, a Dra. Mary Varghese. Quando era uma jovem estagiária de um hospital na Índia, em 1954, estava em um *Land Rover* indo para um piquenique com cerca de doze colegas. Eles estavam animados, e o estudante que dirigia tentou ultrapassar um ônibus em uma estrada movimentada; bateu em um pequeno poste, capotou três vezes e caiu em um dique. Quando foi resgatada e levada ao hospital, os médicos descobriram que sua coluna vertebral tinha sido atingida logo abaixo do pescoço. Ela estava paraplégica. No seu rosto tinha ficado uma cicatriz grande de uma fratura em sua mandíbula.

Ela ficou longos meses em recuperação, e o quadro não era bonito. O Dr. Brand, que tinha sido seu professor, veio falar com ela sobre sua reabilitação. Ela respondeu dizendo que estava esperando por isso. Lembrava-se de que, em suas aulas, ele sempre enfatizou que a reabilitação era para todos, não importando quão grave era seu estado. Ela disse: "Se você conseguir fixar minha coluna e deixá-la sólida, eu quero voltar a trabalhar". Ele o fez, e ela também. Ela decidiu se especializar em cirurgia das mãos inutilizadas de leprosos. Mary foi em sua cadeira de rodas para a Austrália e para os Estados Unidos, para obter mais qualificações, e voltou para o Hospital de Vellore, no sul da Índia, para trabalhar com pacientes de lepra. Ela havia dito ao Dr. Brand que tinha inclusive orado para que a horrível cicatriz do seu rosto fosse usada por Deus para dar coragem e esperança aos outros.

O Dr. Brand disse: "Eu tenho duas janelas em meu escritório. Uma tem vista para o lugar onde os pacientes que já receberam alta vêm para dar continuidade ao seu tratamento. A outra, para o caminho até a casa de Mary Varghese. Pela manhã, eu ouço o barulho de sua cadeira de rodas e vejo que ela está a caminho. Então eu olho pela outra janela, para onde estão os leprosos. Posso dizer o momento em que ela dobra a esquina. Há uma luz e uma alegria que vem dos rostos dos doentes que é maravilhoso de ver". Mesmo sendo um famoso cirurgião, ele disse: "Eu daria minha mão direita para ser capaz de inspirar tanta confiança em meus pacientes quanto Mary Varghese inspira".

Eu conheci Mary em 1986, no Centro Médico de Vellore. Eu entreguei a ela o troféu Robert Pearce por notável Serviço Cristão. Já fazia cinco anos que não conseguia mais levantar da cama e, mesmo assim, estava organizando a construção de um Novo Lar para as pessoas com necessidades especiais, paraplégicos em particular. Eu dei a ela o prêmio de 10 mil dólares. Ela deu o dinheiro para a construção da primeira fase do Lar. Mary aprendeu que, depois do sofrimento, se o encaramos como seguidores de Jesus, sempre existe a ressurreição.

12
Os soldados
Sorteando as roupas

Então o crucificaram e repartiram entre si as roupas dele, tirandoi a sorte, para ver o que cada um levaria. (Mc 15.24)

De todos os episódios do drama da Cruz, esse é o que nós tendemos a ignorar mais rapidamente. Sua realidade nos repele: a madeira rústica, manchada pelo sangue de suas costas; os pregos de ferro rasgando a carne; os puxões no corpo enquanto os soldados puxam as cordas, levantando a cruz aos poucos; a morte vindo lentamente por asfixia, fome, sede; os urubus negros voando em círculos, cada vez mais próximos, à medida que os soldados, montando guarda até a morte da vítima para que ela não fosse resgatada, jogavam dados para dividirem suas roupas. Não é uma imagem bonita. Nós gostaríamos de fechar nossos olhos e acreditar que o ser humano não se comporta dessa maneira, que essa foi uma exceção, e não a regra. "Um homem decente precisaria estar muito bêbado", sugere Lloyd C. Douglas em *O manto de Cristo*, "para demonstrar uma falta de preocupação tão insensível nessas circunstâncias". Por algum motivo, é mais seguro pensar nos pecados mais abstratos: a ganância de Judas, a inveja dos chefes dos sacerdotes, a neutralidade de Pilatos, a indiferença da multidão, do que nos determos sobre a brutalidade casual e insensível dos soldados.

Não é uma imagem bonita, mas, por isso mesmo, pode nos fazer bem pensar por um momento sobre os soldados sorteando as roupas. Todos os quatro evangelistas registram o episódio, mas João acrescenta mais detalhes e se refere ao cumprimento da profecia messiânica do Salmo 22.18.

> *Os soldados, pois, quando crucificaram Jesus, pegaram as roupas dele e dividiram em quatro partes, uma parte para cada soldado; e pegaram também a túnica. A túnica, porém, era sem costura, toda tecida de alto a baixo. Por isso, os soldados disseram uns aos outros: – Não a rasguemos, mas vamos tirar a sorte para ver quem ficará com ela. Isso aconteceu para que se cumprisse a Escritura, que diz: "Repartiram entre si as minhas roupas e sobre a minha túnica lançaram sortes". E foi isso que os soldados fizeram. (Jo 19.23s)*

De acordo com o costume Romano, os carrascos podiam ficar com as posses do prisioneiro. Depois de terem pregado Jesus no madeiro e de erguê-lo até a posição vertical, eles decidiram dividir suas roupas enquanto esperavam sua morte. Na época de Jesus, a roupa de um judeu era constituída de um gorro, calçados, uma roupa de baixo ou cinta de linho, um agasalho ou túnica que ia até abaixo dos joelhos, e um manto ou capa por cima. Depois de os soldados terem dividido o gorro, os calçados e o manto entre si, sobrou a túnica. A maioria das túnicas era feita de partes costuradas, mas as mais valiosas eram feitas de lã em uma peça única. Era uma dessas que Jesus tinha, e os soldados decidiram sorteá-la entre eles, em vez de dividi-la em quatro pedaços. Foi uma decisão prática. Afinal, era uma boa túnica. Sem prestar mais atenção em Jesus do que uma olhada ocasional para ver se tudo estava correndo como deveria, eles se ocuparam com o que importava: sortear suas roupas.

Não eram soldados particularmente maus. Estavam simplesmente seguindo ordens, fazendo o seu trabalho da melhor maneira que podiam, e exercendo sua prerrogativa de requerer as posses dos prisioneiros. Não era uma grande compensação por fazer esse tipo de serviço, mas eles levavam o que podiam. Entender os soldados assim é possível, até os olharmos pelo espelho da Cruz, que mostra o mal pelo que ele é. Em primeira instância, foi a insensibilidade dos soldados que crucificou Jesus. Além do mais, os homens que provocaram a dor da crucificação sem nem pensar, e depois deram as costas, insensivelmente, para repartir as roupas da vítima entre si, pertencem a uma grande tribo cujos clãs, onde quer que se lucre com a morte, crucificam Jesus ainda hoje.

Os dividendos da morte

O trabalho do agente funerário não é uma função muito invejada. Motivo de piadas macabras e assunto para sarcasmo em romances como *O ente querido*, de Evelyn Waugh, ele negocia a morte, e nós escondemos nosso desgosto por trás do humor. O abuso nessa ocupação não é pior, no entanto, do que os caçadores de herança desse mundo, que também dividem os lucros da morte. Onde há uma herança, disse um advogado, certa vez, há parentes. Mal o ar da vida deixa o corpo do falecido, os que ficam começam a se ocupar da divisão dos bens. Muitas vezes a amargura, as discussões, os processos e até mesmo os desentendimentos formam o legado real herdado por aqueles que esperam lucrar com aquilo que os mortos já não podem mais usar. Essas pessoas não são irmãos de sangue dos homens que crucificaram Jesus e dividiram suas roupas entre eles, lançando sortes para ver com o que cada um ficaria? Como eles foram insensíveis, dividindo suas roupas enquanto sua mãe e seu melhor amigo estavam olhando. Como foram cegos. Quando nós morremos, não levamos nada deste mundo. Os soldados puderam ver essa verdade demonstrada na figura de Jesus pendurado na Cruz. Porém, enquanto estavam preocupados com suas roupas, não conseguiram entender a verdade.

E nós? Quando lucramos com a morte, agimos tão cega e insensivelmente como os soldados sorteando as roupas? Somos mesquinhos? Egoístas? Nós compartilhamos, ou acumulamos, exibimos e gastamos? Deus nos livre de caçar os lucros da morte. Deus nos ajude a conduzir nossos negócios de maneira a deixar pouco motivo para brigas. Jesus só deixou a roupa do corpo, todo o resto ele dedicou às pessoas enquanto estava vivo.

Lucrando com a tristeza

A crucificação é uma das formas de execução mais terríveis. Aplicada em todo o Império Romano para seus inimigos, era considerada cruel demais, portanto inaceitável, para um cidadão romano. Embora qualquer execução seja cruel, os judeus raramente se utilizavam da pena de morte e, quando o faziam, diminuíam o sofrimento o máximo possível. A execução hebraica típica, a morte por apedrejamento, acontecia depois de o prisioneiro ter sido jogado de costas de um penhasco, para quebrar suas costas ou deixá-lo inconsciente com a queda. Somente então eram jogadas as pedras, e a primeira deveria ser mirada no coração. Quando os romanos trouxeram a crucificação, com sua morte demorada, como seu método de pena de morte, de acordo com o Talmude, os judeus tomaram providências para diminuir o sofrimento das vítimas. A lei judaica determinava que um guarda permanecesse no lugar da execução, sendo substituído sempre que necessário, de modo que as autoridades pudessem interromper o procedimento a qualquer momento. A lei também determinava que o homem condenado recebesse um entorpecente, feito de incenso ou mirra dissolvidos em vinho ou vinagre, para aliviar a dor. Essa foi a esponja embebida em vinagre oferecida a Jesus, mas recusada por ele (Mc 15.36).

Enquanto alguns fizeram o que podiam para diminuir os sofrimentos de Jesus na Cruz, os soldados romanos viraram insensivelmente suas costas para esta que era a pior das penas de morte, e repartiram as roupas com uma insensibilidade gritante aos gemidos de dor proferidos ao lado deles. Eles estavam prontos para lucrar com a dor, mesmo que o preço fosse sofrimentos e dores horríveis.

Essa insensibilidade não era exclusividade dos soldados romanos. O lucro com a dor acontece também nos negócios. Através dos séculos de escravidão, servidão, trabalho infantil, antissindicalismo, trabalhadores migrantes e corporações multinacionais em países do Terceiro Mundo, os ricos têm lucrado com a exploração do trabalho dos pobres.

> *Eis que o salário dos trabalhadores que fizeram a colheita nos campos de vocês e que foi retido com fraude está clamando; e o clamor dos que fizeram a colheita chegou aos ouvidos do Senhor dos Exércitos. Vocês têm tido uma vida de luxo e de prazeres sobre a terra; têm engordado em dia de matança. Vocês têm condenado e matado o justo, sem que ele ofereça resistência. (Tiago 5.4-6)*

Quanto dinheiro já foi ganho à custa da dor dos empregados que trabalharam como escravos ou por salários não muito melhores do que isso? John Ruskin, certa vez, escreveu:

> *Sim, se o véu, não apenas dos teus pensamentos, mas da tua visão humana, pudesse ser erguido, verias, os anjos veem, naqueles teus alegres vestidos brancos, estranhas manchas escuras, manchas do vermelho inextinguível que nem todos os mares podem lavar: sim, e entre as agradáveis flores que coroam tua bela cabeça, e brilham em teus cabelos entrançados, verias que uma erva sempre esteve entremeada, uma na qual ninguém jamais pensou, a grama que cresce nas covas.*

Como nós conseguimos o nosso dinheiro? Como lidamos com nossos investimentos? Houve certa vez um escândalo porque a igreja estava recebendo aluguéis de propriedades usadas para a prostituição. Estamos lucrando com a dor, como os soldados que sortearam as roupas?

As roupas do crucificado

Enquanto os soldados romanos se ocupavam dos bens do crucificado, não prestaram atenção na Cruz. Eles tiraram a roupa de Jesus, mas dele, não aproveitaram nada. Estavam satisfeitos com suas posses físicas, mas ignoraram seus princípios. Existem tantos chamados cristãos nesse grupo que pegam o que podem de Cristo, sem nem se perguntar qual é o custo, ou qual o sentido interior. Jesus disse: *"– Se alguém quer vir após mim, negue a si mesmo, dia a dia tome a sua cruz e siga-me"* (Lc 9.23). Porém, negando a cruz, algumas pessoas caíram na armadilha do cristianismo que não segue Jesus. Algumas se conformaram com uma educação. Agora elas têm as ótimas roupas da instrução e tudo que acompanha, mas esse ganho não é melhor do que as roupas que os soldados conseguiram e usaram. Algumas se conformaram com o manto da posição social, com as companhias que têm, com as ótimas esposas ou com a borda dourada do seu certificado de respeitabilidade social. Outras simplesmente gostam do conforto e da aura de crédito e respeito adquirida ao frequentar um culto semanal. Como os soldados sorteando as roupas, membros desse grupo recolhem as roupas do crucificado, mas ignoram a Cruz.

Justiça dos injustiçados

Existe outro grupo que se beneficia da Cruz de uma maneira realmente intencional. Os membros desse grupo descobrem que *... todas as nossas justiças são como trapo da imundícia* (Is 64.6), e trocaram seus trapos pelas vestes nupciais que a Cruz nos dá.

> *Justiça e sangue de Jesus*
> *São meu adorno, minha luz.*
> *Nada hei de apresentar a Deus*
> *Seu sangue encobre os males meus.*
> *(Nicholas Zinzendorf)*

Os membros desse grupo trocaram gorjetas por uma pessoa, roupas por caráter, estilo por sacrifício, moda pela fé. Vestidos, não com a túnica sem costura sorteada pelos soldados, mas com as vestes nupciais da parábola de Jesus, eles alegremente ingressam no banquete de casamento preparado pelo próprio Deus para aqueles que o amam.

# 13
Dois ladrões
e como eles terminaram

Jesus teve dois encontros amigáveis no seu caminho para a morte. O primeiro foi com Simão de Cirene, que carregou sua cruz. O segundo foi com as mulheres de Jerusalém, que choraram e se lamentaram por ele. Depois disso, foi um caminho curto até o lugar da caveira, onde ... *o crucificaram, bem como aos malfeitores, um à sua direita, outro à sua esquerda* (Lc 23.33). Enquanto pregavam suas mãos e seus pés e o erguiam, Jesus orou pelos soldados: *"– Pai, perdoa-lhes, porque não sabem o que fazem"* (v.34).

Os soldados, indiferentes, simplesmente se juntaram aos líderes judeus e o ridicularizavam.

> *Igualmente os soldados zombavam dele e, aproximando-se, trouxeram-lhe vinagre, dizendo: – Se você é o rei dos judeus, salve a si mesmo [...] Um dos malfeitores crucificados blasfemava contra ele, dizendo: – Você não é o Cristo? Salve a si mesmo e a nós também (Lc 23.36s,39).*

A Cruz e o roubo

Lucas os chama de malfeitoras. Os outros Evangelhos os chamam de ladrões. O fato de um deles ter se referido a Jesus ironicamente como um messias impotente indica que eles provavelmente pertenciam ao grupo dos revolucionários que promoviam uma luta armada sustentada contra os opressores romanos. Teria sido a natureza subversiva de seus crimes que lhes rendeu a pena da crucificação. Conhecemos esse tipo de pessoa. Eles se autodenominam soldados da liberdade, nacionalistas ou republicanos, dependendo do que estejam defendendo e contra o que estejam lutando. Por terem que financiar suas operações, eles recorrem a roubos, proteção em troca de suborno ou ao tráfico de drogas para conseguir dinheiro. O governo atual diz que são salteadores. Aconteceu na Chechênia e na Irlanda do Norte, no Oriente Médio e na Espanha. Ouvir o que esse homem crucificado ao lado de Jesus diz nos dá dicas de como funciona a mente de pessoas assim.

É impressionante ver quantas categorias de pecado e transgressão são representadas na Cruz. Aqui é roubar, ou desobedecer ao oitavo mandamento. A Bíblia deixa claro que Deus se importa com o roubo. Ele responsabiliza as pessoas quando elas roubam de alguém, mas especialmente quando roubam de uma viúva, de um órfão, de alguém pobre ou do próprio Deus. É irônico que a seita apocalíptica na Uganda seja chamada de "Movimento pela Restauração dos Dez Mandamentos". Os líderes roubaram milhares de seus seguidores, depois os assassinaram, quebrando o oitavo e o sexto mandamento no processo. Mas antes de nós nos apressarmos em julgar os outros, vamos nos lembrar de que, na estatística anual mundial das igrejas, feita por David Barret, a categoria que ele denomina "crime eclesiástico" somou, no ano de 1999, US$13,2 bilhões.

No Estudo Europeu sobre Valores, foi levantado que, em todos os países, o roubo foi considerado o segundo mandamento mais importante, depois do assassinato. As pessoas disseram que a ação menos justificável era "sair dirigindo um carro que não é seu". Isso, no entanto, não impede as pessoas de roubarem, sempre que exista uma chance de não serem descobertas. Existem muitas modalidades de roubo e muitas pessoas de quem roubamos. Nós roubamos de vizinhos, pais, viajantes, chefes, fregueses e clientes. Pode ser fraude, roubar produtos de uma loja, lavagem de dinheiro, cartéis ou falência provocada. A prática é tão predominante hoje que as companhias têm que prever o roubo em seus orçamentos.

Atitudes típicas das pessoas que roubam

- Elas abusam dos outros. O ladrão ao lado *blasfemava contra Jesus* (Lc 23.39). Essa é uma atitude de uma pessoa com muita raiva. Raiva é transformar o meu problema em problema de outra pessoa, e culpá-la por ele.
- Elas só se preocupam em salvar a própria pele. – *Salve a si mesmo e a nós também* (v.39). E, se fosse salvo, ele teria voltado a praticar as mesmas coisas de antes.
- Eles racionalizam e justificam seu roubo, chamando-o de "dar o troco aos romanos".

O número de pessoas que voltam ao crime depois de cumprir seu tempo de prisão mostra que isso, muitas vezes, é verdade. Se nós temos essa tendência de racionalizar, precisamos saber que a Bíblia diz que nem os ladrões nem os avarentos herdarão o Reino de Deus (1Co 6.9-11).

A evidência do arrependimento sincero

O segundo ladrão era diferente. Alguma coisa em Jesus tocou nele. Talvez tenha sido ouvir a surpreendente oração de Jesus pelos soldados: *"– Pai, perdoa-lhes, porque não sabem o que fazem"* (Lc 23.34). Era agonizante para alguém que estava sendo crucificado conseguir fôlego para falar. Esse homem encontrou energia e aguentou o suficiente para pronunciar algumas frases.

- Primeiro, ele toma o partido de Jesus e se dissocia dos insultos do seu parceiro no crime. *Porém o outro malfeitor o repreendeu...* (v.40). Não há arrogância nele. É uma pessoa humilde.

- Ele está começando a temer a Deus: – *Você nem ao menos teme a Deus...?* (v.40). Ele não está mais pensando apenas sobre o que suas ações fizeram com ele, com a sociedade ou com a administração romana. Ele enxerga que, em primeiro lugar, é contra Deus que pecou, e é a Deus que ele deve explicações. Esse é o começo da regeneração moral. Ele é como o Filho Pródigo, que roubou de seu pai seu afeto e sua companhia e desperdiçou sua herança. Ele diz ao seu pai: *"Pai, pequei contra Deus e diante do senhor..."* (Lc 15.21). É como Davi, depois de ter cometido adultério com Bate-Seba e assassinado seu marido, Urias. *Pequei contra ti, contra ti somente, e fiz o que é mau aos teus olhos* (Sl 51.4).

- Ele admite o seu próprio crime: – *A nossa punição é justa, porque estamos recebendo o castigo que os nossos atos merecem...* (Lc 23.41). Ele não alega inocência. Não fala de circunstâncias extenuantes. Não está mais inventando desculpas. Ele levanta a mão e se declara culpado. Sua consciência volta a falar com ele, depois de ter sido silenciada por tanto tempo.

- Ele aceita a validade da sua punição: *... estamos recebendo o castigo que os nossos atos merecem...* (v.41).

- Há certo ceticismo que cerca o arrependimento à beira da morte. E, de fato, deve haver, uma vez que existem muitos casos de pessoas que se recuperam e vivem exatamente como antes. Podemos ter certeza do arrependimento desse homem porque ele mostra a única prova confiável: a disposição de aceitar as consequências dos seus erros. Ele não está tentando se livrar.

Constatações importantes sobre Jesus

- O ladrão reconhece que Jesus é inocente: *... mas este não fez mal nenhum* (v.41). O tribunal havia condenado Jesus. Os chefes dos sacerdotes o insultaram. A multidão o arrastou ao calvário. Seus amigos o abandonaram. Mesmo assim, esse criminoso condenado, cuja boca poderia ter sido calada por um golpe rude de um soldado romano, ousa ir contra o julgamento de todos eles. E, como se fosse o juiz do caso, declara: *... mas este não fez mal nenhum.* Quando um homem começa a enxergar a inocência de Jesus, ele "não está longe do Reino". Está à beira de uma grande descoberta. Se ele não está morrendo pelos seus próprios erros, por quem está morrendo? Em uma constatação surpreendente, o criminoso parece entender o que mais ninguém sabe ainda: esse homem está morrendo pelos outros! Ele está morrendo por mim!

- Então ele deixa seu amigo criminoso, inclina-se na direção de Jesus, embora o sangue escorra de seus pés e mãos furados e, na oração mais inspirada que alguém já fez, diz: – *Jesus, lembre-se de mim quando você vier no seu Reino* (v.42). Seu companheiro tinha chamado Jesus de falso messias. Ele chama Jesus de "Senhor". Era assim que os Judeus chamavam Deus. Era assim que os Romanos se dirigiam ao Imperador, por considerarem-no divino.

- Ele também viu o Reino além da Cruz e do túmulo. Ele orou para que Jesus se lembrasse dele quando fosse para o lugar no qual certamente seria Rei. Dizem que quando uma pessoa se afoga, vê toda a sua vida passar diante de seus olhos. Algo parecido estava acontecendo aqui. Mas não era só isso. Ele tem uma intuição, uma revelação, alguma coisa que lhe mostra algo melhor do que seu próprio passado. Ele vê que o futuro é com Jesus, seja qual for esse futuro. Ele decide se juntar a seu Senhor recém-descoberto, e ora: *... lembre-se de mim...*

Uma promessa surpreendente

Eu me pergunto quanto as pessoas espalhadas ao redor das cruzes ouviram dessa conversa. E, se ouviram, o que acharam que aconteceria depois. Lembre-se que isso aconteceu na hora em que uma escuridão estranha e assustadora cobriu o lugar da execução. O que eles esperavam? Eu imagino que não fazia muito sentido, assim como quando eles acharam que Jesus estava chamando por Elias, quando, na verdade, estava chamando por Deus. Então, uma cena muito pessoal aconteceu em um lugar muito público. Jesus sabia o que seu parceiro de cruz estava pedindo, pois sabia o que se passava com o homem. Jesus fez uma promessa ao ladrão: *"– Em verdade lhe digo que hoje você estará comigo no paraíso"* (v.43).

Era uma promessa com validade imediata. "Hoje!" O dia já estava bem adiantado. Era algo entre meio-dia e três horas. O dia judaico termina às seis horas da tarde. Mesmo assim, sem tempo para alterações, Jesus prometeu o paraíso instantâneo. Isso, para um criminoso, significava salvação instantânea, perdão instantâneo, recolocação instantânea no posto de filho de Deus. Pense sobre isso!

Esse criminoso, esse ladrão, foi levado à sua cruz em algum momento antes do meio-dia. É muito provável que ele tenha caminhado para o lugar da caveira com maldição no coração, à beira do desespero, com nenhuma esperança além da certeza da escuridão da morte. Ele ficou pendurado na cruz enquanto a segunda morte, aquela sombra terrível além da morte em si, amedrontava-o. Porém, em um instante, uma mudança espiritual se apoderou dele. Dentro de um curto período de tempo ele estava vivendo na luz da misericórdia e da graça de Deus. Um poço de gratidão começou a brotar em seu coração revigorado.

Você acha que este foi um caso raro, uma experiência única, uma exceção? Não foi. As circunstâncias certamente eram bastante diferentes do que qualquer pessoa pudesse experimentar. Mas existem mais pessoas que são salvas quando estão penduradas em alguma cruz, que é a recompensa justa

13 — Dois ladrões e como eles terminaram

dos seus atos, a retribuição pelos seus pecados, do que o mundo conhece. O número recente de homens e mulheres, na prisão, convertendo-se à fé em Jesus Cristo é testemunha disso.

Quanto à conversão instantânea, porém, ela é o único tipo. A grande mudança espiritual é sempre a mudança de um momento. Muita reflexão, muita luta com convicções, muita oração podem precedê-la. Você pode não estar consciente disso naquele momento. Muitos dias podem se passar até que ela seja reconhecida pelos outros. Muitos dias podem se passar até que você mesmo tenha certeza dela. Você já foi para a praia e viu a maré mudar? Você percebeu a água, lentamente retrocedendo, deixando para trás a areia ondulada e solta. Mas, mesmo que você tenha observado com a maior atenção do mundo, não poderia dizer quando a maré começou a mudar. Você só sabe de uma coisa: que em um determinado momento ela mudou, e logo as ondas chegam até o lugar onde você está, dando-lhe prova suficiente disso. Assim é com a mudança espiritual da pessoa.

Para um, o nome de Deus era querido desde muito cedo. Ele não consegue se lembrar de um momento em que a Cruz de Cristo não estivesse diante dele como o ato central da humanidade. Ele não consegue dizer quando se voltou para Deus. Outra pessoa sabe o dia e a hora em que seu coração, há muito tempo escravo, explodiu dentro dele, e ele caiu, com o espírito quebrantado, de joelhos, em humilde aceitação do perdão de Deus.

Outra, ainda, lembra-se dos anos de aprofundamento da convicção, até ser levada à decisão que moldou sua vida. Essa decisão ficou em suspenso por meses. A hora em que ela aconteceu, a pessoa não sabe dizer com precisão. Mas, quer tenha sido consciente ou não, a mudança da alma foi a mudança de um momento, ou não foi mudança alguma. A mudança e a consciência da mudança são duas experiências distintas.

Aquela mudança é o momento do destino! É o momento em que a pessoa realmente começa a viver. Você já passou por isso? Você tem dúvida? Agora, se nunca fez isso antes, olhe para Jesus, olhe para ele pendurado na cruz. Incline-se para ele e entregue-se a ele com aquela nobre oração: *– Jesus,* *lembre-se de mim quando você vier no seu Reino* (v.42), e a sua fé lhe será imputada como justiça. Você, por sua vez, também terá a certeza do Paraíso.

Ele morreria, é claro. Os dois morreriam. Mas Jesus enxergava além da morte. Ele sabia que era possível ter um relacionamento ótimo com ele além do túmulo. Jesus chamou isso de "Paraíso". O nosso equivalente seria "Céu", e o Céu é onde Jesus está. Não é preciso entrar em mais detalhes, senão logo nos encontraremos em um lamaçal de especulações teológicas.

Precisamos nos concentrar em como Jesus estava pensando nesse momento, quando fez essa promessa. Era uma situação única. Ninguém antes dele havia sugerido algo assim. Era um território novo. Algo de definitivo estava para acontecer. Paulo diz que Jesus *não só destruiu a morte, como trouxe à luz a vida e a imortalidade, mediante o evangelho* (2Tm 1.10). Essa não era uma morte normal, e Jesus sabia disso. Era a morte das mortes, que removeria o terror do túmulo. Essa era a antessala da Ressurreição, que aconteceria no terceiro dia, como ele havia dito. Essa era uma morte deliberada. Jesus havia dito: *"Ninguém tira a minha vida; pelo contrário, eu espontaneamente a dou"* (Jo 10.18). Tudo isso o ladrão à beira da morte compartilharia, e nisso seria o antecessor de muitas outras pessoas.

Não era apenas um homem escapando das consequências dos seus muitos pecados pela generosidade de seu colega de sofrimento. Isso seria injusto. Deus não ignora o pecado. A morte de Jesus era necessária para que o ladrão e qualquer um de nós pudesse compartilhar a vida eterna com ele. Novamente Paulo explica:

> *... Cristo Jesus, a quem Deus apresentou como propiciação, no seu sangue, mediante a fé. Deus fez isso para manifestar a sua justiça, por ter ele, na sua tolerância, deixado impunes os pecados anteriormente cometidos, tendo em vista a manifestação da sua justiça no tempo presente, a fim de que o próprio Deus seja justo e o justificador daquele que tem fé em Jesus (Rm 3.25s).*

Por isso, a mudança do ladrão pôde ser tão repentina. Desse ponto em diante, o fato de que não havia tempo suficiente para ele, ou para qualquer outra pessoa consertar sua vida não foi uma barreira para a sua salvação, pois não somos perdoados por estarmos fazendo melhor do que costumávamos fazer. Não somos salvos por virar uma nova página. Não nos apresentamos a Deus por nenhuma boa obra que tenhamos feito. Somos salvos apenas pela morte de Jesus por nós. Isso é graça. Esse é o favor imerecido de Deus.

Jesus e o indivíduo

O texto diz tudo: *"... hoje você estará comigo"*. Toda a sua vida Jesus mostrou um extremo interesse pelo indivíduo – o indivíduo o fascinava, o atraía, o absorvia. Mesmo uma análise casual das suas palavras e ações confirma isso. Ao ser convidado para uma festa, ele analisou como cada pessoa do grupo se comportava. Ao lado do tanque de Betesda, seu olhar se fixou em um homem incapaz. Ao ver o cortejo saindo da porta de Naim, ele escolheu a viúva em sua miséria. Ao falar, é notável como o indivíduo o estimulava e motivava. Podia ensinar às multidões até que esquecessem dia e noite, fome e sede. Podia falar com os discípulos até que seus corações queimassem dentro deles. Mas era muito diferente quando ficava cara a cara com a pessoa. Veja como ele falou com Nicodemos, ou com a mulher samaritana, ou com o jovem rico, ou com Marta em sua dor. Como essas conversas são cativantes! Mas, se você quiser entender mais completamente como ele ansiava pelo indivíduo, ouça suas orações particulares. Nós perdemos a conta de quantas vezes ele orou por seus discípulos, um por um, para que a fé deles não desfalecesse. Quando lemos, porém, a oração sacerdotal, nós o encontramos, pedido após pedido, revelando seu supremo interesse pela alma da pessoa. Rostos humanos surgiram, um por um, em sua mente, cada um lembrando uma necessidade particular, e cada um, uma profecia de um destino distinto, como ele dissera: *"... nenhum deles se perdeu, exceto o filho da perdição, para se cumprir a Escritura"* (Jo 17.12).

Agora, nesse lugar extremamente público, e por meio dessa experiência angustiante, Jesus, como sempre, teve tempo para esse único homem, um ladrão e criminoso. É *você*, no singular, que estará *comigo*. Essa pode ter sido a inspiração de Martin Buber, o filósofo judeu, para seu famoso livro *Eu e tu* (Centauro, 1974), em que ele argumenta a favor de um diálogo direto entre a alma e Deus.

O cuidado de Jesus com o indivíduo revela o quanto Deus valoriza cada vida humana. Se Deus não se importasse com cada indivíduo, se as pessoas simplesmente nascessem e morressem, como as moscas que dançam no sol poente e morrem quando ele se põe, se homens e mulheres simplesmente caíssem como folhas de outono, que se misturam à terra, então a vida seria um espetáculo trágico, e "destino" a palavra mais zombeteira que lábios humanos poderiam pronunciar. Teríamos que concordar com o pregador de Eclesiastes: *Vaidade de vaidades! Tudo é vaidade* (Ec 1.2). Mas isso não é verdade! Deus se importa com cada um de nós, assim como se importou com o ladrão à beira da morte.

Mas se Deus se importa com o indivíduo, se seus grandes propósitos estão ligados ao bem-estar de cada pessoa, isso nos deixa com uma obrigação. A obrigação de responder. Se Deus nos ama, o objetivo da vida é amá-lo também, é colocar nossas vidas em harmonia com a sua vontade.

Aconteceram três mortes naquele dia no lugar da caveira. Um morreu *pelo* pecado. Esse foi Jesus. Um morreu *em* pecado. Esse foi o ladrão que insultou Jesus e não demonstrou consciência do mal que tinha feito. Um morreu *para* o pecado e, embora não tivesse mais nenhum dia, ou mês, ou ano para viver na Terra, viveu a vida perfeita com Cristo por toda a eternidade.

A natureza mostrou simpatia pelo que estava acontecendo.

> *Já era quase meio-dia, e, escurecendo-se o sol, houve trevas sobre toda a terra até as três horas da tarde. E o véu do santuário se rasgou pelo meio. Então Jesus clamou em alta voz: "– Pai, nas tuas mãos entrego o meu espírito!" E, dito isto, expirou (Lc 23.44).*

Tokichi Ishii, no Japão, tinha uma ficha quase incomparável, e era tão cruel e impiedoso como um tigre. Ele havia assassinado homens, mulheres e crianças, na verdade, qualquer pessoa que entrasse em seu caminho. Finalmente, ele estava na prisão, aguardando a morte. Enquanto estava lá, foi visitado por duas mulheres canadenses, que tentaram conversar com ele através das barras da prisão, mas ele simplesmente as encarou e não deu a menor atenção. No final, elas lhe deram uma Bíblia, na esperança de que ela tivesse sucesso no que elas haviam falhado. Ele começou a ler e não conseguia parar. Lia sem parar, chegando finalmente na história da crucificação. Foram as palavras: *"– Pai, perdoa-lhes, porque não sabem o que fazem"* (v.34) que o quebrantaram. "Eu parei", ele disse. "Fui apunhalado no coração, como que por um prego de treze centímetros. Devo chamar isso de amor de Cristo? Devo chamar de compaixão? Não sei que nome dar. Eu só sei que acreditei, e a dureza do meu coração foi transformada". Mais tarde, quando o carcereiro veio levar o homem condenado para o cadafalso, não encontrou um bruto endurecido e carrancudo, como esperava, mas um homem sorridente e radiante, pois Ishii, o assassino, nascera de novo.

14
Os escarnecedores
que disseram mais do que sabiam

A cena ao redor da Cruz, no dia em que Jesus e os dois ladrões foram crucificados, tinha duas fases distintas. Durante toda a manhã, era uma cena de multidão turbulenta. Depois do meio dia, tudo ficou mais tranquilo, e uma escuridão sinistra envolveu a Terra (Lc 23.44).

Pela manhã, no entanto, era tempo de festa dominava, e as multidões percorriam as ruas e arredores de Jerusalém, procurando algo interessante para fazer. Em meio à multidão que se juntou ao redor do espetáculo das três cruzes surgiam, esporadicamente, risadas altas. Piadas ruins eram feitas sobre a pessoa que ocupava a cruz do meio. A fofoca se espalhou muito rapidamente, e as pessoas logo descobriram quais eram as quatro acusações contra Jesus, e ridicularizavam-no usando e distorcendo essas acusações. – *Ah! Você que destrói o santuário e em três dias o reedifica! Salve a si mesmo, descendo da cruz!"* (Mc 15.29s – ênfase acrescentada). Assim diziam algumas pessoas. Os líderes judeus gritavam: *Salvou os outros. Que salve a si mesmo, se é, de fato, o Cristo de Deus, o escolhido* (Lc 23.35), e *Que o Cristo, o Rei de Israel, desça agora da cruz para que vejamos e creiamos* (Mc 15.32). Tudo isso aconteceu com pessoas gritando a plenos pulmões.

Eles estavam tentando provocar Jesus, piorar o seu tormento, e buscavam a aprovação das outras pessoas na multidão.

Havia uma palavra que foi usada em todas as piadas dirigidas a Jesus. Todos eles usaram palavras sobre "salvação".

Os que iam passando blasfemavam contra ele [...] <u>Salve</u> a si mesmo, se você é o Filho de Deus, e desça da cruz!" (Mt 27.39s)

Igualmente os soldados zombavam dele e, aproximando-se, trouxeram-lhe vinagre, dizendo: – Se você é o rei dos judeus, <u>salve a si mesmo.</u> (Lc 23.36s)

Um dos malfeitores crucificados blasfemava contra Jesus, dizendo: – Você não é o Cristo? <u>Salve a si mesmo</u> e a nós também. (v.39)

Também as autoridades zombavam e diziam: – <u>Salvou os outros. Que salve a si mesmo</u>, se é, de fato, o Cristo de Deus, o escolhido. (v.35)

Você quase pode ouvi-los crescer, de tempos em tempos, juntando-se em um clamor, como fazem as multidões. *"Salve a si mesmo! Salve a si mesmo! Salve a si mesmo!"* Toda a multidão estava confirmando o princípio de que era correto que alguém salve-se a si mesmo. Hoje as pessoas continuam tentando salvar a si mesmas dos problemas, das despesas, do esforço e da inconveniência. "Salve a si mesmo!" é quase um lema.

A pior coisa que eles puderam pensar em dizer a Jesus era: "Ele salvou os outros, mas não é capaz de salvar a si mesmo". Era uma piada, um insulto, um escárnio. A julgar pelos seus próprios padrões (e de que outra forma você pode julgar?), ele era um fracasso. Não lhes ocorreu que poderia existir algum outro princípio pelo qual viver. Eles não tinham a consciência de que, olhando de outra maneira, a mesma frase, sem mudar uma palavra, poderia ser o maior tributo que poderiam lhe fazer. Vamos ver o que eles estavam realmente dizendo. Era:

Um belo tributo: "Ele salvou os outros"

Quem falava eram os líderes judeus. Eles haviam arquitetado a morte de Jesus. No entanto, isso demonstra que eles não eram completamente perversos nem cegos aos fatos. Sem dúvida, isso escapou, apenas como um prefácio ao restante do insulto. Ainda assim, realmente escapou, e foi um belo tributo, um bom epitáfio para Jesus, dito por seus inimigos. Descreve a vida de Jesus quase perfeitamente. Ele salvou Pedro, André, Tiago e João de viver só para o trabalho, a casa e a família, e lhes deu uma visão muito mais ampla do que eles poderiam fazer com suas vidas. Salvou Mateus da maneira obscura e desonesta pela qual ele explorava as pessoas quando coletava os impostos.

Ele salvou um homem na sinagoga da possessão demoníaca que o transformava em uma ameaça e um perturbador da paz. Salvou a sogra de Pedro de uma febre debilitante, um leproso da lepra e um homem paralítico de sua incapacidade. Salvou a filha de Jairo de uma morte prematura. Salvou pessoas da cegueira, da epilepsia e da surdez. Ele salvou aos outros. Isso era verdade e resumia muito bem a vida de Jesus – mesmo que carregasse uma dose de ironia.

Uma verdade fundamental

Eles estavam dizendo mais do que sabiam. A palavra "salvou" é fundamental na obra de Jesus Cristo. Antes de ele nascer, um anjo disse a seu pai, José: *... porque ele salvará o seu povo dos pecados deles* (Mt 1.21). Jesus falou sobre si mesmo: *"Porque o Filho do homem veio buscar e salvar o perdido"* (Lc 19.10). Mais tarde, Paulo disse: *... diante de Deus, nosso Salvador, que deseja que todos sejam salvos* (1Tm 2.3s). A mensagem cristã é *o caminho da salvação* (At 16.17). A pregação cristã é a *palavra [da] salvação* (At 13.26). O Evangelho de Cristo é *o poder de Deus para a salvação de todo aquele que crê* (Rm 1.16). Aqueles que são "salvos" é que são "acrescentados" à Igreja (At 2.47). Se uma pessoa "negligencia a salvação", não "escapará" (Hb 2.3).

Na África, eles ainda dizem: "Eu sou cristão, mas não sou salvo". Isso é, definitivamente, uma contradição. Só pode significar: "Sou membro de uma denominação específica, mas não sou salvo". É por isso que a próxima coisa a dizer sobre "ele salvou os outros" é que foi trágico.

Uma tragédia fatal

O povo, os líderes, os soldados e um dos ladrões estavam afirmando um fato triste. Jesus salvou os outros. Ele não salvou *eles*. Depois de ter ouvido todas as suas palavras, visto seus atos, observado seu caráter, quando ele morreu, tudo o que eles podiam dizer, tragicamente, era: "ele salvou os *outros*". Existem algumas circunstâncias particulares disso nos Evangelhos. Um jovem rico perguntou a Jesus o que ele precisava fazer para herdar a vida eterna. Quando ouviu a resposta, foi embora triste, porque sua riqueza era mais importante para ele do que o Reino de Deus (Mc 10.17-22). Um escriba perguntou qual era o mandamento mais importante, mas quando obteve resposta, sua sofisticação intelectual o deixou "não longe" do Reino, mas não nele. Jesus não salvou essas pessoas (Mc 12.28-34).

Se a morte nos transportasse, hoje, para a presença de Deus, será que tudo o que conseguiríamos dizer seria "Ele salvou os outros... mas não a mim; outros na minha família, na minha rua, no meu trabalho, mas não a mim?"

Precisamos voltar agora para a segunda parte da frase maldosa: "Ele não é capaz de salvar a si mesmo". Essa era a melhor maneira de derrubar Jesus, eles pensavam. Não passou pela cabeça deles que é possível viver por outro princípio, que não o da autopreservação. Não se lembravam das coisas que o próprio Jesus havia tentado ensinar a eles por três anos. Não conseguiam ver que agora ele estava sendo uma lição prática do seu próprio ensinamento.

Muitas vezes, Jesus havia dito: *"Pois quem quiser salvar a sua vida a perderá; e quem perder a vida por minha causa, esse a achará"* (Mt 16.25; Lc 17.33; Jo 12.25). Naquela mesma semana ele havia afirmado: '

14 — Os escarnecedores que disseram mais do que sabiam

"Em verdade, em verdade lhes digo: se o grão de trigo, caindo na terra, não morrer, fica ele só; mas se morrer, produz muito fruto. Quem ama a sua vida perde-a; mas aquele que odeia a sua vida neste mundo irá preservá-la para a vida eterna" (Jo 12.24s).

Isso é contrário à disposição do século vinte e um, com seus dispositivos de preservação do trabalho, horas mais curtas e salários maiores. Continua sendo, porém, o coração do que Jesus ensinou e ilustrou pessoalmente na Cruz. Poderíamos chamar isso de:

A lei da semente

Existem três coisas que se pode fazer com o trigo. Ele pode ser armazenado, servir de matéria prima para o alimento, ou pode ser plantado para a próxima safra. Armazená-lo apenas posterga o dia em que ele será vendido como comida ou plantado. Então temos duas possibilidades. O trigo pode ser usado como alimento ou como semente. Qualquer fazendeiro, com seus celeiros cheios, pode comer e desfrutar do seu trigo, por um curto período de gratificação. Ou ele pode plantá-lo, em um lugar no qual não pode mais vê-lo, debaixo da terra, e ele reaparecerá multiplicado, até cem vezes mais. A vida do trigo se encerra quando ele é usado para o benefício imediato. Ele atinge o máximo do seu potencial quando é lançado ao chão, fora do alcance da vista, aparentemente perdido.

Assim como é com o trigo, é com a nossa vida humana. Existem duas coisas que você pode fazer com sua vida. Não há uma terceira possibilidade. Você pode viver sua vida para seu próprio prazer e benefício, para satisfazer seus prazeres e apetites atuais, para conseguir o máximo possível de prazer imediato. Você pode comer sua vida. Você pode salvá-la.

Ou você pode deixar de lado os prazeres e ganhos presentes, de natureza egoísta, e viver sua vida para Deus e para os outros. Você pode plantar sua vida. Você pode, aparentemente, perdê-la.

No primeiro caso, você cria um fim para a sua vida. Você a consome enquanto usa. Nenhum grande resultado, nenhuma influência útil, nenhum aprofundamento de caráter, nenhuma vida plena pode surgir de tal desperdício de vida. Você a gasta consigo mesmo e com o presente. Você encerra a sua vida agora.

No segundo caso, você está pronto para a perda aparente imediata, mas ingressa em uma vida mais abundante, que resulta em bênção e felicidade para muitos outros. Isso se aplica não apenas ao momento atual, mas tem continuidade nas futuras gerações, na vida de outros e em você mesmo, na vida eterna com Deus. Como Jesus falou, alguns dias antes de morrer: *"Quem ama a sua vida perdê-la-á; mas aquele que odeia a sua vida neste mundo preservá-la-á para a vida eterna"* (Jo 12.25). A lei da semente é a lei da vida. Ele salvou os outros. Não foi capaz de salvar a si mesmo.

Essa lei é ilustrada no caso de Jesus

Enquanto Jesus era vivo, ele usou apenas sua força. Não era nada além de um único grão. Havia grande virtude em sua vida – cura, instrução, alívio de sofrimento. Ainda assim, quão pouco êxito ele teve, até mesmo com os discípulos que eram mais próximos dele. Eles tinham todos os tipos de ideias distorcidas e eram, eles mesmos, contradições vivas do que Jesus estava tentando lhes ensinar. Eles estavam sempre procurando por ele para pedir ajuda, em vez de eles mesmos ajudarem outros, como ele fazia. Enquanto estavam olhando para a casca de uma semente, a vida dela não poderia penetrar neles.

Mas quando Jesus morreu, que mudança! Na Cruz, parecia ser uma perda terrível, um desperdício momentâneo. No terceiro dia, tudo isso mudou. O que foi semeado em corrupção, renasceu em glória. O que foi plantado em aparente fraqueza, renasceu em poder. O que foi plantado em derrota, renasceu em vitória. O desespero deu lugar à esperança. O que parecia terminar na Cruz, na verdade estava apenas começando na Cruz. O que foi plantado naquele dia brotou e cresceu muitas vezes, até que o mundo inteiro esteja agora plantado com esse grão da plantação do Senhor. Está claro que Jesus, com sua morte, realizou milhões de vezes mais do que o fez em toda a sua vida. Ao não se salvar naquele dia, ele salvou muitos outros.

A lei é perpetuada nas vidas daqueles que ele salva

Quando Jesus começou a falar sobre a necessidade do seu sofrimento e morte, ele imediatamente enunciou esse mesmo princípio para seus seguidores (Mc 8.34-36). Depois que ele morreu e ressuscitou, a Igreja Primitiva demonstrou ter compreendido essa mensagem. Paulo escreve que Jesus *morreu por todos, para que os que vivem não vivam mais para si mesmos, mas para aquele que por eles morreu e ressuscitou* (2Co 5.15). O fruto que ele dá é do mesmo tipo. Cada fruto produz sementes de acordo com sua espécie (Gn 1.11). Olhando para uma espiga de milho, nenhum argumento nos convencerá de que ela veio de uma semente de batata. Ela tem que ter vindo de uma semente de sua própria espécie.

Assim é também com a semente da vida de Cristo em nós. Se olharmos para uma vida caracterizada pela busca do prazer, pela ambição, pelo desejo de crescer aos olhos do mundo, uma vida de nenhuma ou pouca consideração pelos outros, não há argumento que nos faça acreditar que essa vida tenha vindo da vida de sacrifício a si mesmo que Cristo levou. A planta precisa ser da mesma espécie que a semente. Pode ser de uma variação mais fraca, e pode ser atacada por insetos ou por uma praga, ou secar por falta de água, ou ser pisoteada pelos homens ou pelos animais, mas precisa ser reconhecidamente a mesma planta.

Não existe um caminho para Jesus e outro para aqueles que foram salvos por ele. Essa é uma lei da vida, e se aplica a todos. Apenas de acordo com esse princípio alguém pode ser considerado salvo. Se o princípio da nossa vida for "eu, pra mim, meu, a mim", nossa vida é tão semelhante à de Cristo quanto um repolho é a uma espiga de milho. Traga um repolho toda semana para a igreja e ele vai continuar sendo um repolho. É preciso recomeçar a vida de novo se você quiser que ela seja diferente. Ele precisa recomeçar a vida se quiser ser diferente. Assim é conosco. É preciso o novo nascimento, a nova vida que o próprio Jesus nos dá para que sejamos como ele, e isso só acontece quando morremos para o princípio do "salvar a si mesmo".

Isso tem um custo. Pode tirar você da corrida por uma promoção, se você tiver que abandonar os métodos normais de avanço. Pode levar você a uma vida de solteiro, se, em obediência ao Senhor, não aceitar um companheiro que não seja cristão. Pode significar que você será menos popular, e que terá que dar as costas ao que o empolga ou estimula. Pode significar mil e uma coisas, mas mesmo assim é verdade. *"Quem quiser salvar a sua vida a perderá".* Somente aqueles que, por causa de Cristo e do Evangelho, dispensarem as vantagens de uma vida mundana serão salvos e, no processo, ajudarão a salvar outros.

Em uma peça chamada *A escada*, o principal cenário é apenas uma escada no centro do palco. O final da escada está fora do campo de visão do público. Ela representa o que o herói precisa fazer para chegar ao posto máximo na sua profissão. O único outro adereço é um saco muito pesado que um homem carrega. Dentro dele há uma cruz. O homem representa Cristo na peça. Em certo ponto, um espectador simpatiza com o homem que carrega o saco pesado. Sugere que ele chegará mais rápido ao seu destino se escalar a escada. O homem com o saco responde: "Não, uma escada não serve muito para mim no lugar em que eu vivo".

A mãe do herói, forçando um pouco a barra, pergunta: "Onde você mora?"

O homem do saco responde: "Se você quer mesmo saber, eu moro na Cruz. E se você mora lá, a única utilidade que você tem para uma escada é descer dela. E isso eu nunca farei".

Qual é o símbolo da sua vida? A escada? Ou a Cruz?

15

As mulheres da Galileia
Fiéis até o fim

As mulheres da Galileia são um cordão importante que atravessa a malha de eventos que se desenrolaram na crucificação de Jesus. Essas não são as "filhas de Jerusalém", que estavam lá se lamentando e chorando à medida que Jesus percorria a via dolorosa. A Galileia ficava ao norte, e os judeus do sul, onde a capital Jerusalém era situada, não tinham um conceito muito bom do povo "do norte". Se quisermos encontrar uma relação similar à que existia entre a Judeia e a Galileia, encontraremos uma nas diferenças existentes entre a Inglaterra e a Escócia logo depois da União. A Galileia tinha tantos motivos para não gostar das atitudes da Judeia quanto era o desprezo que a Escócia sentia pela Inglaterra.

Ela era chamada de Galileia "das nações", por causa das muitas nacionalidades que formavam a sua população. Era uma região fértil, e os Herodes edificaram construções maravilhosas lá, dedicando-as aos Imperadores de Roma. A cidade mais conhecida era Tiberíades. Nazaré ficava na Galileia, e Maria, mãe de Jesus, veio de lá. Cafarnaum ficava na Galileia, e se tornou o centro das atividades de Jesus. A maioria dos discípulos vinha da Galileia, alguns tinham nomes judeus e outros, gregos. Há simbolismo nisso para um evangelho que deveria ser para todo o mundo. Havia mulheres que acompanhavam Jesus enquanto ele pregava. Lucas nos conta quem elas eram e o que faziam.

As mulheres ajudaram Jesus durante sua vida

Aconteceu, depois disso, que Jesus andava de cidade em cidade e de aldeia em aldeia, pregando e anunciando o evangelho do Reino de Deus. Iam com ele os doze discípulos, e também algumas mulheres que haviam sido curadas de espíritos malignos e de enfermidades: Maria, chamada Madalena, da qual saíram sete demônios; Joana, mulher de Cuza, procurador de Herodes; Suzana e muitas outras, as quais, com os seus bens, ajudavam Jesus e os seus discípulos. (Lc 8.1-3)

Os rabinos não viajavam na companhia de mulheres. Esta foi uma inovação da parte de Jesus. Algumas das mulheres a quem ele havia ajudado seguiam-no por gratidão pelo que ele havia feito. Outras tinham posses e as usavam para suprir as necessidades do grande grupo de seguidores de Jesus.

As mulheres viram Jesus morrer

Elas assistiram à crucificação. *Entretanto, todos os conhecidos de Jesus e as mulheres que o tinham seguido desde a Galileia ficaram de longe, contemplando estas coisas* (Lc 23.49).

Talvez elas estivessem acompanhando-o já há algum tempo na sua última viagem a Jerusalém, ou tenham vindo junto com a multidão para a festa da Páscoa. Elas não estiveram envolvidas durante a noite, na Última Ceia, nem na dispersão dos outros discípulos, depois de as autoridades terem prendido Jesus. Parece que elas passaram a noite em outro lugar. No dia da crucificação, estavam lá. Elas demonstraram mais coragem do que os homens.

Os Evangelhos nos dizem quem eram essas mulheres. Maria Madalena encabeça as três listas. Existe uma segunda Maria, chamada de *mãe de Tiago*, *o Menor, e de José* (Mc 15.40). João a chama de mulher de Clopas, um dos viajantes no caminho de Emaús (Jo 19.25; Lc 24.28).

A terceira mulher mencionada é chamada de *mulher de Zebedeu* por Mateus, *Salomé*, por Marcos, e irmã da mãe de Jesus, por João. Isso faz de Salomé tia de Jesus, e mãe dos apóstolos Tiago e João, que eram, portanto, primos em primeiro grau de Jesus. Isso esclarece o pedido de Salomé de que seus filhos se assentassem à direita e à esquerda de Jesus no seu Reino (Mt 20.20s). Também traz uma outra perspectiva ao fato de João se autodenominar *o discípulo que Jesus amava* no seu Evangelho.

Todos os Evangelhos indicam que, além dessas mencionadas pelo nome, havia outras mulheres presentes. Elas estavam lá, rostos amigáveis em meio a uma multidão insensível que veio para ver um espetáculo durante as festas na cidade lotada. Elas não podiam ajudar Jesus com seus recursos agora. Mesmo assim, ficaram e não iriam embora.

Elas ajudaram a enterrar Jesus quando morreu

Elas viram Jesus morrer. Então, havia uma coisa que poderiam fazer. Poderiam garantir que ele tivesse um enterro decente. José de Arimateia, um membro rico do Alto Conselho Judeu, tomou a iniciativa e conseguiu permissão para enterrar Jesus naquele mesmo dia. Ele tinha um túmulo novo e um sudário de linho para enrolar o corpo. Nicodemos, outro membro do Conselho, forneceu cerca de quinhentos reais em especiarias. Elas apressadamente fizeram o que podiam com esses recursos, de modo que o corpo estivesse parcialmente preparado no pequeno tempo que ainda havia antes do começo do Sábado, ao pôr-do-sol. Ainda havia trabalho a fazer depois que o Sábado terminasse. As mulheres também estavam preparadas a ajudar Jesus com seus recursos uma última vez.

> *As mulheres que tinham vindo com Jesus desde a Galileia seguiram José e viram o túmulo e como o corpo foi colocado ali. Então se retiraram para preparar óleos aromáticos e perfumes. E, no sábado, descansaram, segundo o mandamento (Lc 23.55-56).*

Há um detalhe que vale a pena observar. Salomé estava lá quando Jesus morreu, mas já não estava um pouquinho depois, quando as mulheres observavam o lugar em que ele foi enterrado. Ela volta à cena no dia depois do Sábado, para terminar o trabalho de ungir o corpo. Existe uma explicação plausível. Está no fato de Jesus ter entregado sua mãe, Maria, aos cuidados de João, que a levou para casa. Salomé era a mãe de João, e eles tinham uma propriedade em Jerusalém. Era, portanto, natural que Salomé ajudasse Maria no seu luto, quando João a levou para casa.

Elas queriam completar o trabalho do sepultamento assim que o Sábado terminasse. *Mas, no primeiro dia da semana, alta madrugada, as mulheres foram ao túmulo, levando os óleos aromáticos que haviam preparado* (Lc 24.1).

As mulheres foram as primeiras a saber que Jesus estava vivo

No domingo de manhã, bem cedo, elas foram até o tumulo levando as especiarias que haviam preparado para prestar seu serviço amoroso ao corpo de Cristo.

> *Encontraram a pedra removida do túmulo, mas, ao entrar, não acharam o corpo do Senhor Jesus. Aconteceu que, perplexas a esse respeito, apareceram-lhes dois homens com roupas resplandecentes. Estando elas com muito medo e baixando os olhos para o chão, eles disseram: – Por que vocês estão procurando entre os mortos aquele que vive? Ele não está aqui, mas ressuscitou. Lembrem-se do que ele falou para vocês, estando ainda na Galileia: "É necessário que o Filho do Homem seja entregue nas mãos de pecadores, seja crucificado e ressuscite no terceiro dia". Então elas se lembraram das palavras de Jesus. E, voltando do túmulo, anunciaram todas estas coisas aos onze e a todos os outros que estavam com eles. Essas mulheres eram Maria Madalena, Joana e Maria, mãe de Tiago; também as demais que estavam com elas confirmaram estas coisas aos apóstolos (Lc 24.2-10).*

Essa é a primeira vez que ouvimos que Joana estava lá. Lucas a havia mencionado antes, como a *mulher de Cuza, procurador de Herodes* (Lc 8.3). A residência principal de Herodes ficava em Tiberíades, na Galileia. Quando ele vinha a Jerusalém, ficava no Palácio Hasmoneu, perto do templo. É provável que outras mulheres de posses estivessem acomodadas na cidade por Joana, cujo marido tinha alojamentos no palácio. É provável que estas sejam as pessoas que dispunham de especiarias quando foram para casa, depois de Jesus ter morrido (Lc 23.56). As outras, que ficaram com Maria e Salomé na propriedade de Zebedeu, em Jerusalém, tiveram que comprar especiarias cedo, no primeiro dia da semana, antes de ir ao túmulo (Mc 16.1).

As mulheres da Galileia foram as primeiras a ficar sabendo, pela boca dos anjos, que Jesus estava vivo. Foram elas as encarregadas de contar isso aos outros discípulos. Maria Madalena foi a primeira, na verdade, a ver Jesus ressurreto pelo poder de Deus (Jo 20.11-18). Elas foram as primeiras a serem lembradas do que Jesus lhes dissera na Galileia, que o Filho do Homem precisaria ser entregue nas mãos de pecadores, seria crucificado e ressuscitaria no terceiro dia.

Elas foram recompensadas por sua fidelidade em atividades práticas, terrenas. Mesmo que significasse preparar as especiarias entre olhos marejados e andar até o tumulo de mãos cheias, mas corações pesados, elas estavam lá, e ninguém poderia tê-las impedido. Muitas vezes, é pela ação que demonstramos nossa lealdade. Elas não estavam preocupadas com o fato de as especiarias e dos óleos não serem mais necessários. Estavam maravilhadas com o fato de Jesus estar vivo.

Cinco mulheres galileias são mencionadas nos relatos da morte e ressurreição de Jesus. Nós devemos essa informação aos autores dos Evangelhos. Apenas uma delas, Maria Madalena, disse algo que foi registrado. O importante é que elas estavam lá. Foram fiéis até o fim e além, na nova era do Jesus vivo. Os autores querem que saibamos disso. Deus quer que saibamos disso. Qualquer serviço oculto ou que pareça ser insignificante, é reconhecido por ele.

William Carrey foi o pioneiro da missão moderna da Inglaterra. A história da irmã de Carrey, Mary, é muito interessante. Quando tinha vinte e quatro anos, ela ficou paralítica. Então, durante cinquenta anos, ficou confinada ao seu quarto de enferma. Durante onze anos, não conseguia falar nada, nem mesmo sussurrar. Então ela conseguiu sussurrar uma ou duas frases, com muita dor, para de novo ficar muda por mais vinte anos. Seu braço direito era o único membro não paralisado, mas seu rosto brilhava. Era iluminado a partir do seu interior, e era uma maravilha e uma bênção para todos que a conheciam.

Usando um quadro como sua única forma de comunicação, ela conduziu, durante anos, um curso de Escola Bíblica Boxmoor, no bonito chalé em Moor End, mesmo que escrever fosse um sofrimento físico. Era uma das principais líderes religiosas da missão, o incenso cuja intercessão incessante era agradável a Deus. O trabalho que ela desenvolveu em meio à sua aflição, à sua maneira, foi tão importante quanto o que seu grande irmão fez. A mensagem das mulheres da Galileia é que todas as pessoas assim, que rendem serviços invisíveis, são conhecidas e reconhecidas por Deus.

16
Maria, mãe de Jesus
Fé e família

> *E junto à cruz estavam a mãe de Jesus, a irmã dela, Maria, mulher de Clopas, e Maria Madalena. Vendo Jesus a sua mãe e junto dela o discípulo amado, disse: "– Mulher, eis aí o seu filho". Depois, disse ao discípulo: "– Eis aí a sua mãe". Dessa hora em diante, o discípulo a tomou para casa (Jo 19.25-27).*

É uma surpresa encontrarmos Maria, a mãe de Jesus, na multidão ao redor da Cruz. Ela não aparecia na história há algum tempo. A última vez que lemos sobre Maria, ela e o resto de sua família tinham uma opinião bem confusa a respeito dele. Havia sido mais de um ano antes.

> *Então Jesus foi para casa. E outra vez se ajuntou uma multidão, de tal modo que nem podiam comer. E, quando os parentes de Jesus ouviram isto, saíram para prendê-lo; porque diziam: – Está fora de si. [...] Nisto, chegaram a mãe e os irmãos de Jesus e, tendo ficado do lado de fora, mandaram chamá-lo. Muita gente estava sentada ao redor de Jesus, e alguns lhe disseram: – Olhe, a sua mãe, os seus irmãos e as suas irmãs estão lá fora, procurando o senhor. Então Jesus perguntou: "– Quem é a minha mãe e quem são os meus irmãos?" E, olhando em volta para os que estavam sentados ao seu redor, disse: "– Eis minha mãe e meus irmãos. Portanto, aquele que fizer a vontade de Deus, esse é meu irmão, minha irmã e minha mãe" (Mc 3.20s, 31-35).*

Maria deve ter sentido essas palavras como duras e insensíveis. Um grande abismo parece ter se formado entre a Maria do nascimento e infância de Jesus e durante os últimos aspectos do seu ministério.

O começo: muito para refletir

A primeira notícia que temos de Maria é quando o anjo anuncia que ela será a mãe do Messias. Ela aceitou esse grande privilégio sem reclamar, apesar de saber que, aos olhos do povo de Nazaré, seria uma mancha na pureza de sua virgindade. Humildemente, ela respondeu ao anjo: – *Aqui está a serva do Senhor; que aconteça comigo o que você falou* (Lc 1.38). Ela se submeteu, sem hesitar, à vontade de Deus.

Nós a vemos depois na casa de seus primos mais velhos, Zacarias e Isabel, quando Isabel foi a primeira a reconhecer e confirmar o que o anjo havia dito para Maria. Depois, como em uma inspiração, esta profere um salmo de louvor que se igualou e superou o de Ana, quando seu anseio por um filho foi respondido (1Sm 2.1-10). Maria era capaz de falar com eloquência quando motivada para isso.

Não nos é dito nada sobre o que ela ou José falaram quando Jesus nasceu, ou logo depois. Só nos é dito que *Maria, porém, guardava todas estas palavras, meditando-as no coração* (Lc 2.19). Parece que ela era o tipo de pessoa que internalizava o que acontecia. Pessoas assim são difíceis de se conhecer, porque guardam seus pensamentos para si.

Havia muitas coisas para ela guardar e meditar em seu coração. O fato de Isabel estar a ponto dar à luz quando Maria estava grávida de Jesus não era normal. Ela tinha que pensar sobre o que Isabel havia falado a respeito da visão de Zacarias no templo, e sobre o fato de ele ter ficado mudo logo antes de Isabel ficar grávida. Depois, tinha que acrescentar a recuperação instantânea de Zacarias, no momento em que escreveu em uma tábua que o nome da criança seria João. E, quando ele voltou a falar, uma das primeiras coisas que disse foi uma profecia sobre o Salvador que estava para vir, e sobre o papel de João como seu precursor.

16 — Maria, mãe de Jesus: fé e família

A visita dos pastores do campo, que vieram depois de ter uma visão sobrenatural nos céus noturnos de Jerusalém, foi dramática. Os magos do oriente acrescentaram ainda mais a esse mistério, quando contaram como tinham lido as constelações do céu, o que os levou a fazer uma longa viagem para ver o bebê que seria o Rei dos Judeus. Eles trouxeram presentes caros e profundamente simbólicos.

O velho Simeão, no templo, alimentou Maria com coisas para pensar quando ela e José levaram o pequeno Jesus para ser apresentado, e para que fossem oferecidos os sacrifícios determinados. Simeão disse algumas coisas muito inspiradoras. Depois acrescentou esta previsão bastante desconcertante:

> *– Eis que este menino está destinado tanto para ruína como para elevação de muitos em Israel e para ser alvo de contradição, para que se manifestem os pensamentos de muitos corações (Lc 2.34s).*

Nem sempre é bom internalizar tudo, como Michel Quoist afirma nesta oração:

> *Senhor, tu me ouves?*
> *Estou sofrendo horrivelmente;*
> *Preso em mim mesmo, prisioneiro de mim mesmo.*
> *Eu não ouço nada senão minha voz; Não vejo nada senão a mim mesmo...*
> *Eu tateio o meu caminho, cego,*
> *Eu bato contra minha própria parede, minhas próprias fronteiras...*
> *Mostra-me o caminho, o caminho que leva à alegria, à luz...*
> *Filho, eu te ouvi, e me apiedei de ti.*
> *Há tempos que observo tuas janelas fechadas;*
> *abre-as, e minha luz entrará.*
> *Há tempos que estou ao pé de tua porta trancada;*
> *abre-a, e me encontrarás esperando à soleira...*
> *Por que escolher ser um prisioneiro de ti mesmo?*
> *Tu és livre.*
> *Não fui eu quem trancou tua porta; não sou eu quem pode abri-la.*
> *Pois és tu, de dentro, quem insiste em mantê-la firmemente trancada.*

Maria deve ter criado uma espécie de prisão para si mesma. Não deve ter sido fácil não falar sobre o que ouviu do anjo a respeito de seu primogênito. Era seu segredo, talvez tornando-a ainda mais reticente depois da morte de José. Não é de surpreender que ela fosse uma pessoa de poucas palavras. Talvez por isso ela tenha sido escolhida, porque era possível confiar na sua discrição.

Os anos de silêncio

O menino havia crescido com saúde em todas as áreas. *E Jesus crescia em sabedoria, estatura e graça, diante de Deus e dos homens* (Lc 2.52). Maria foi uma grande influência no seu crescimento e amadurecimento. Ela e José não foram omissos em relação ao seu crescimento espiritual. Eles iam ao templo de Jerusalém todos os anos. Levaram Jesus a Jerusalém quando ele tinha doze anos. Não sabemos se o que aconteceu ali foi o começo dos mal-entendidos, ou se eles já haviam começado antes. De qualquer maneira, sem contar aos seus pais, ele ficou para trás no templo e atraiu o interesse dos mestres da lei. Não parecia preocupado quando Maria o repreendeu por ser o motivo de tamanha preocupação durante três dias. *"– Por que me procuravam? Não sabiam que eu tinha de estar na casa de meu Pai?"* (Lc 2.49). Eles não entenderam sua resposta. É quase como se sua relação especial com ela e com sua missão não tivesse sido assunto frequente de conversas, se é que haviam falado sobre isso.

Essa é a última vez que ouvimos falar de José. Daqui em diante, Jesus é "o filho de Maria". Podemos presumir que José morreu em algum momento depois dos doze anos de Jesus. Maria ficou viúva com sete filhos, dos quais Jesus era o mais velho. Jesus agora era "o carpinteiro" (Mc 6.3). Sobre ele estava a responsabilidade, como filho mais velho, de cuidar de sua mãe e de seus irmãos e irmãs. Parece que ele fez isso até os trinta anos. A essa altura, quase todos os outros filhos já estariam em condições de arcar com o fardo de cuidar de sua mãe viúva.

Holman Hunt tem um quadro em que retrata a oficina do carpinteiro em Nazaré. Jesus está em seu banco com os braços levantados, como em um momento de aspiração, e Maria, atrás dele, vê a sobra de seus braços na parede. Seu coração tem um pressentimento, e ela vê a sombra de uma cruz. É um belo retrato do medo assustador que, desde cedo, dominou seu coração, e tornou-se uma tristeza cada vez mais profunda conforme Jesus mergulhava em seu ministério.

Um distanciamento crescente

Por acaso, a mãe de Jesus estava presente quando ele realizou seu primeiro milagre.

> *Três dias depois, houve um casamento em Caná da Galileia, e a mãe de Jesus estava ali. Jesus também foi convidado, com os seus discípulos, para o casamento. Tendo acabado o vinho, a mãe de Jesus lhe disse: – Eles não têm mais vinho. Mas Jesus respondeu: "– Por que a senhora está me dizendo isso? Ainda não é chegada a minha hora" (Jo 2.1-4).*

Parecia uma reclamação, mas *então ela falou aos serventes: – Façam tudo o que ele disser* (v.5). Jesus então, para surpresa de todos os presentes, transformou enormes jarros de água em vinho da melhor qualidade.

Não ficamos totalmente surpresos, portanto, quando os irmãos de Jesus e Maria vieram para tentar afastá-lo de seu ministério público. Parece que sua internalização ainda não a havia levado a entender seu filho, Jesus, e seus outros filhos e filhas não a ajudaram nesse sentido. Era um contraste marcante à excessiva exuberância de sua irmã, tia de Jesus, diante das possibilidades que Jesus abriu para todos eles, quando pediu a ele que seus filhos se sentassem junto a ele no seu Reino (Mt 20.21).

Não há nada registrado depois desse episódio e antes da crucificação. Nenhuma palavra, nenhuma ação, nenhum sinal de uma mudança de atitude ou reconciliação. Então podemos supor que Maria tenha ficado em casa, na

Galileia. Não havia possibilidade de que ela poderia ter evitado saber o que Jesus estava fazendo e dizendo. Além das fofocas do povo sobre ele, os dois filhos de sua irmã, Salomé, Tiago e João, estavam entre os Doze, e devem ter sido fonte de muita informação. Não seria difícil de imaginar que Salomé tenha convencido Maria a ir para Jerusalém a fim de participar das festas, pois sabemos que ela estava lá.

Perdendo um filho e encontrando uma família

Mesmo assim, ficamos surpresos quando Maria aparece ao pé da Cruz. Podemos imaginar a terrível agonia que ela sentiu quando o viu lá, entre dois ladrões. Será que foi a primeira vez que o havia visto nessa Páscoa? Há quanto tempo ela estava na cidade? Quanto daquela semana agitada na qual Jesus passara ensinando e discutindo com os fariseus e as autoridades do templo ela havia ouvido? Não sabemos. Ela não foi mencionada em lugar algum. O que sabemos é que ela e seus outros filhos juntaram-se aos apóstolos depois da morte e ressurreição de Jesus, quando começaram a orar e aguardar pelo Espírito Santo prometido. Quando ela mudou? Quando seus outros filhos mudaram? Muito tempo antes? No dia da crucificação? Depois de Jesus ter ressuscitado dos mortos? Não sabemos.

Alguma coisa aconteceu, no entanto, à sombra da Cruz. *E junto à cruz estavam a mãe de Jesus, a irmã dela, Maria, mulher de Clopas, e Maria Madalena* (Jo 19.25). Novamente, não há palavras, só o fato de que ela estava lá. Foi Jesus quem falou.

A crucificação é uma das maneiras mais dolorosas de morrer. É difícil respirar, imagine falar. *Vendo Jesus a sua mãe e junto dela o discípulo amado...* (v.26). Jesus ergueu-se na cruz para que pudesse falar. Apertou os dentes para aguentar a dor até que seus joelhos estivessem firmes de novo e ele pudesse respirar. Então, com o mínimo possível de palavras dolorosas, ofegante, disse para sua mãe: *"– Mulher, eis aí o seu filho". Depois, disse ao discípulo: "– Eis aí a sua mãe"* (vs. 26s).

Há um contraste interessante em relação ao último encontro registrado entre Jesus e sua mãe. *"... aquele que fizer a vontade de meu Pai celeste, este é meu irmão, minha irmã e minha mãe"* (Mt 12.50). Agora Jesus indica um daqueles discípulos/irmãos que estava fazendo a vontade de Deus, e diz a Maria: *"Eis aí o seu filho",* e ao discípulo: *"Eis aí a sua mãe".*

Nada poderia ter sido mais atencioso. Nada poderia ser melhor expresso com palavras, considerando que essa foi a última relação registrada entre os dois. Mostra que havia compreensão total. Se não foi nesse momento que Maria mudou sua atitude, foi uma afirmação pública de que isso havia acontecido. João não demorou em aceitar essa nova responsabilidade. *Dessa hora em diante, o discípulo a tomou para casa* (Jo 19.27).

Isso é enfatizado pelo fato de que, depois de indicar que três mulheres da Galileia estavam com Maria assistindo ao pé da cruz, esse número foi reduzido para duas pessoas que viram o local em que seu corpo foi colocado. A mulher que não estava lá era Salomé, a esposa de Zebedeu e irmã de Maria, sua mãe. Elas tinham uma casa em Jerusalém, onde ficariam durante a Páscoa.

É uma cena trágica, mas cheia de compaixão. Maria havia visto seu filho incomum ser crucificado. Tudo o que ela havia refletido em seu coração durante todos esses anos finalmente começava a fazer sentido. Ela tinha perdido seu primogênito, mas estava ganhando outro filho, em um laço ainda mais profundo, porque era na família indissolúvel de Deus, da qual Jesus se tornaria o que João depois chamaria de *o Primogênito dos mortos* (Ap 1.5).

Foi um incidente eloquente. O parentesco natural é valioso, mas apenas por essa vida e, mesmo assim, ele pode nos decepcionar. O nascimento que realmente importa é o segundo nascimento, para o Reino de Deus. Nele, a morte não tem poder, pois todos os que estão no Reino compartilham a vida eterna.

Não há mais referências a Maria no Novo Testamento depois da indicação de que ela estava junto com os discípulos após a Ressurreição de Jesus. Ela é um grande exemplo do que Amy Carmichael disse em um poema, que é o fim que explica os dilemas da vida.

O fim

Será que o Fim não explicará,
Os esforços inúteis, propósitos sinceros frustrados
A estranha perplexidade das boas ações arruinadas,
A fadiga insistente, a tensão interior,
Será que o Fim explicará?
Enquanto isso, ele conforta
Aos que estão perdendo a paciência; este é seu proceder.
Mas ninguém pode escrever as palavras que ouviu-o dizer
Para que os homens leiam, só eles sabem o que ele diz
Palavras gentis, e conforto
Não que ele explique
O mistério que desconcerta; mas um sentido
Cala o coração tranquilo, que longe, longe portanto
Encontra um campo cheio de grãos dourados,
Regados em dias de plantio, por muita chuva;
O Fim, ele explicará.

17
O centurião romano
Um veredito impressionante

O centurião que estava em frente de Jesus, vendo que assim havia expirado, disse:
– Verdadeiramente este homem era o Filho de Deus. (Mc 15.39)

Um homem, mais do que qualquer outro, tinha condições de nos contar a história da morte de Jesus. Esse homem era o centurião romano que comandou o destacamento de soldados que recebeu a tarefa de conduzir a crucificação. Ele enviou seus soldados durante a noite, iluminados pela lua da Páscoa, para prender Jesus no jardim. Ele o conduziu à casa de Caifás, o sumo sacerdote, para seu primeiro julgamento. Depois o conduziu, como alguém que alegava ser Rei dos judeus, para Pilatos. Escoltou-o até o rei Herodes, porque ele era galileu. Observou seu silêncio diante de Herodes e a maneira como as pessoas ao redor o ridicularizavam e tratavam-no com desprezo. De volta a Pilatos, ouviu o diálogo entre este e Jesus. Ele supervisionou o açoitamento; vigiou enquanto os soldados o ridicularizavam. Foi pela sua boca que a mensagem da esposa de Pilatos chegou aos ouvidos do governador. Ao seu comando as lanças brilhantes percorreram o caminho até o Calvário. Ele ordenou que os cravos fossem pregados, que a cruz fosse levantada e ouviu

Jesus orar *"– Pai, perdoa-lhes, porque não sabem o que fazem"* (Lc 23.34). Ele ficou lá, com olhos atentos e ouvidos abertos, na rigidez de sua disciplina romana, e registrou como as pessoas ridicularizaram Jesus e como ele morreu. Ele viu e ouviu tudo.

Um soldado de ouro

Não sabemos nada sobre o passado ou o caráter do centurião até que ele estivesse na presença de Jesus, na hora de sua morte. Sendo um soldado, podemos presumir que tivesse o hábito da rígida obediência, grande coragem e lealdade inabalável. Sendo um soldado romano, pertencia a um dos melhores exércitos que o mundo já conheceu. Seus feitos de valor remetiam a um registro quase impecável de sucesso que durava sete séculos. O fato de ser um centurião nos diz que era um homem de meia idade, que havia trabalhado muito e subido por mérito à posição atual de comando. Em geral, entre os centuriões do exército romano estavam os melhores dentre aqueles que serviam a Roma.

O Império Romano já havia começado seu declínio. Ele começava a definhar de cima para baixo. Enquanto a corrupção moral começava a infectar os senadores, cônsules e governadores de Roma, ainda podiam ser encontrados em seus exércitos homens de grande valor e princípios simples. No Novo Testamento, os centuriões se destacam em contraste com os altos membros da hierarquia. Quatro centuriões aparecem na história. São apresentados de maneira favorável. Os judeus disseram sobre um deles: *... porque é amigo do nosso povo, e ele mesmo construiu a nossa sinagoga.* Jesus acrescentou seu elogio: *"– Eu lhes digo que nem mesmo em Israel encontrei fé como esta"* (Lc 7.5,9). Outro, chamado Cornélio, é descrito como sendo *piedoso e temente a Deus* (At 10.2). Ele foi o convertido ligado à disseminação do Evangelho para o mundo da Grécia e de Roma. O terceiro era chamado Júlio. Ele foi gentil com Paulo quando este foi seu prisioneiro na viagem a Roma (At 27.1). O quarto é esse centurião ao pé da cruz que, durante as horas vagarosas daquele dia, viu Jesus morrer e, em algumas palavras positivas e enfáticas, rendeu tributo a ele.

Um veredicto não solicitado

Não sabemos o quanto ele havia ouvido sobre Jesus antes desse dia. Devemos presumir que tenha sido muito pouco. Ele fez duas declarações. Uma foi: – *Verdadeiramente este homem era justo* (Lc 23.47). Enquanto a vida de Jesus se esvaia, sua inocência transparente e superioridade moral impressionaram o centurião. Observar Jesus só poderia colocar em questão a validade dos procedimentos do dia contra ele. Ele percebia que essa crucificação era injusta e judicialmente injustificada. A justiça era um valor muito importante para os romanos. Eles tinham orgulho do seu sistema judiciário e o viam como superior a qualquer outro.

Apesar das acusações feitas contra Jesus, apesar do julgamento de Pilatos, apesar dos insultos que todos estavam lançando contra ele, o centurião viu, em um lampejo de percepção, que o julgamento do governador era tudo, menos justo. Conduzir uma crucificação não tinha nada de novo para ele. Ele já tinha visto criminosos impiedosos, homicidas rudes, assassinos políticos, todos pendurados em uma cruz. Mas Jesus era diferente. Muitas coisas nele eram diferentes. Quando os soldados estavam executando os procedimentos cruéis da crucificação, ele orou para alguém que chamou de *"Pai"*, para que este os perdoasse, porque eles não sabiam o que estavam fazendo. Não havia amargura ou o típico ressentimento que geralmente era expresso pelas vítimas desse método cruel de execução. Jesus reagiu com bondade às diferentes atitudes dos dois ladrões que estavam sendo crucificados com ele, e deu a um deles uma mensagem de esperança. Ele teve a presença de espírito de arranjar para que sua mãe fosse cuidada quando ele já não estivesse lá. Um homem assim não poderia ser a ameaça que as autoridades locais estavam dizendo que era. O centurião se juntou à esposa de Pilatos, ao próprio Pilatos, a Herodes e ao ladrão arrependido, o grupo das pessoas que disseram que Jesus não havia cometido crime algum.

O centurião havia visto homens morrerem na selvageria da batalha, jogando fora suas vidas com um grito exultante. Testemunhou homens morrerem na arena, bravamente suportando dores terríveis. Conhecia sentinelas que haviam morrido em seus postos, com uma fidelidade a toda prova. Mas nunca tinha visto uma morte como essa. A vítima demonstrava uma generosidade surpreendente e um perfeito domínio próprio, enquanto o ridicularizavam com palavras que teriam feito um soldado se enforcer. À medida que sua vida se esvaía vagarosamente, uma majestade divina cresceu em oração e bênção.

Seis meses antes, outros soldados haviam regressado àqueles que os haviam enviado para prender Jesus dizendo: – *Jamais alguém falou como este homem* (Jo 7.46). O centurião agora estava dizendo: "Ninguém jamais morreu como este homem!"

À beira do mistério

Havia mais, no entanto. Jesus falou com alguém a quem chamou de *"Pai"* uma segunda vez. Foi bem no final. Ele *clamou em alta voz: "– Pai, nas tuas mãos entrego o meu espírito!"* (Lc 23.46). O centurião não sabia o que fazer com isso. Os deuses que ele conhecia não poderiam ser chamados de "Pai". Mesmo o Deus dos judeus, pelo que ele tinha conseguido entender, era um Deus de duras leis e julgamentos vingativos. Será que o fato de Jesus ter chamado seu Pai teve a ver com a outra exclamação do centurião: – *Verdadeiramente este era o Filho de Deus* (Mt 27.54)? Não sabemos.

Ele, pelo menos, estava dizendo que Jesus não era um mortal comum, como ele mesmo e o restante dos homens. Não era incomum para os romanos pensar em seus heróis, aqueles que haviam realizado grandes feitos de valor, como sendo descendentes dos deuses. Sentado ao redor das fogueiras dos acampamentos, ele ouvira e repetira as histórias das glórias imortais das legiões que carregaram as águias romanas através do fogo e das águas, lutando com coragem e determinação, enfrentando fome e sede, e perseguindo os bárbaros através de suas florestas inexploradas até a sua derrota definitiva.

Não podemos forçar o sentido de suas palavras e dizer que, quando ele chamou Jesus de "Filho de Deus", quis dizer o que essas palavras significaram quando ditas por Pedro ou quando, logo em seguida, seriam ditas por Tomé. Elas significam, no entanto, que esse centurião se sentia na presença de um grande mistério, e percebeu que Jesus tinha qualidades divinas. Ele viu o céu ficar escuro. Sentiu a terra tremer. Ele se impressionou com o último grito: *"– Está consumado!"* (Jo 19.30). Ele olhou para a cruz e percebeu que esse homem era digno de ser chamado "Filho de Deus", talvez do Deus que Jesus havia chamado de "Pai".

O mistério explicado

Foi isso que o centurião romano viu em Jesus enquanto o via morrer. Quando lembramos de como ele pensava e qual tinha sido seu treinamento, sua confissão foi significativa. Ela tinha a grandeza da sinceridade e da coragem. E, mesmo assim, era só uma parte da verdade. Pedro pôde usar a mesma palavra que o centurião usou quando disse que Jesus era "justo". Ele disse que Jesus morreu, ... *o justo pelos injustos, para conduzir vocês a Deus...* (1Pe 3.18). Paulo disse que foi por ele ser "justo" que, por meio de sua morte, pôde ser justificador daqueles que creem em Jesus (Rm 3.26).

Nós não precisamos divagar e não ousamos acusar esse centurião por não ver mais em Jesus. Ele testemunhou, não apenas acerca da grandeza moral, mas também do mistério divino em Jesus. E foi Jesus quem disse: *"– Portanto, todo aquele que me confessar diante dos outros, também eu o confessarei diante de meu Pai, que está nos céus..."* (Mt 10.32).

Antony Bloom, Arcebispo da Igreja Ortodoxa Russa na Inglaterra, quando era estudante em Paris, perdeu sua fé. Sob pressão, contra sua vontade, foi ouvir uma palestra sobre Cristo e o cristianismo. Ele disse:

Eu corri para casa para verificar se era verdade aquilo que o palestrante havia dito. Perguntei a minha mãe se ela tinha uma Bíblia, pois eu queira saber se os Evangelhos sustentariam a impressão extraordinária que eu havia tido daquela palestra. Eu não esperava nada de bom da leitura, então contei quantos capítulos tinha cada Evangelho para ter certeza de ler o mais curto, para que eu não gastasse tempo desnecessariamente. Foi, portanto, o Evangelho de Marcos que eu comecei a ler. Eu não sei como explicar o que aconteceu. Vou colocar de maneira muito simples. Enquanto estava lendo o começo do Evangelho de Marcos, antes de chegar no terceiro capítulo, tive a consciência de uma presença. Eu não vi nada. Não ouvi nada. Não era uma alucinação. Era uma simples certeza de que o Senhor estava lá e que eu estava na presença dele, sobre cuja vida eu tinha começado a ler com tanta repulsa e má vontade.

Quem você diz que eu sou?

Existem pessoas hoje que não veem em Jesus nada além do que o centurião viu. Para muitos, Jesus é apenas o bom homem que morreu heroicamente, enfrentando a injustiça com calma e majestade. Nele a chama divina brilhava mais do que nos outros homens. Depois de todos os séculos de luz e dos ensinamentos de Jesus e de sua Cruz, essas pessoas não veem nele nada além do que esse centurião sincero e honesto viu. Elas admiram sua integridade, seu caráter moral e sua grandeza espiritual. Estão prontas para confessar Jesus como o melhor professor e mestre da vida moral de um homem. Reconhecem o heroísmo de sua morte. Quando os grandes feitos da história humana, e alguns são muito significativos, são colocados à luz da Cruz, eles empalidecem como as estrelas diante do Sol. Elas confessam o mistério do seu ser. O divino, elas dizem, estava nele, em uma medida maior do que em qualquer outro homem. – *Verdadeiramente este homem era justo* (Lc 23.47) e – *Verdadeiramente este era o Filho de Deus* (Mt 27.54), são palavras que expressariam seus pensamentos.

Mas estes não entram no segredo de Jesus. Não "veem o Senhor!" O que precisamos para abrir nossos olhos? Falta-nos o que faltou ao centurião.

17 — O centurião romano: um veredito impressionante

Quando uma consciência viva do nosso pecado se apodera de nós, estamos chegando mais perto. Quando a voz da consciência e de Deus, falando conosco, lembra-nos de um passado que nunca poderemos reparar, estamos a um passo da verdade. Quando percebemos que temos uma natureza perversa da qual brotam nossos pecados conscientes, a realidade começa a aparecer para nós. Quando sentimos um Deus pessoal, que não só coloca nossos pecados sob a luz da santidade, mas os suporta como um fardo em seu coração, então estamos perto do Reino. Quando percebemos que esse Deus estava em Cristo, reconciliando o mundo com ele, estamos perto de cruzar a linha que nos separa de Deus. Quando *vemos, porém, aquele que, por um pouco, foi feito menor do que os anjos, Jesus, que, por causa do sofrimento da morte, foi coroado de glória e de honra, para que, pela graça de Deus, provasse a morte por todos* (Hb 2.9), só falta um passo de fé para aceitar a salvação que ele morreu para nos garantir e estaremos em casa. Então cada um dirá: "Eu vivo pela fé no Filho de Deus, que me amou e se entregou por mim".

18

José de Arimateia
Testemunha silenciosa

O próximo personagem da cena da crucificação, José de Arimateia, recebeu a honra de se certificar de que Jesus estava morto. Ele assinou o atestado de óbito do Filho de Deus. Sua parte no drama da Cruz é um episódio triste, até mesmo patético, brevemente desempenhado e rapidamente esquecido. Embora todos os quatro evangelistas tenham registrado essa história, José não é mencionado nem antes nem depois desse evento. Quando Paulo está pregando posteriormente, em Antioquia da Pisídia, ele afirma simplesmente que "os judeus" *tirando-o do madeiro, puseram-no em um túmulo* (At 13.29). Até mesmo sua sepultura ficou esquecida durante séculos.

De acordo com o evangelho apócrifo de Nicodemos e tradição posterior, José fundou uma comunidade cristã na sua cidade natal de Lida. Então, sob sugestão de São Filipe, em 63 d.C., navegou para a Inglaterra levando o cálice, ou Santo Graal, usado na Santa Ceia. Ali ele fundou a primeira igreja das Ilhas Britânicas em Glastonbury, onde morreu. A Igreja Ocidental celebra o seu dia em 17 de março, mas sabemos pouco com certeza além do que os quatro evangelistas nos contam sobre ele, e sobre o pequeno papel desempenhado por ele no drama da Cruz.

Sua excepcional carreira

Os evangelistas concordam unanimemente sobre sua carreira. Mateus nos diz que ele era um homem rico. Marcos e Lucas mencionam que era do governo, um membro do Sinédrio ou do Conselho dos Setenta. Ele era um dos homens mais importantes do povo judeu. Marcos acrescenta que era um membro ilustre, e Lucas o chama de bom e justo. De acordo com Marcos, o próprio José *também esperava o Reino de Deus* (Mc 15.43). O Reino de Deus era a frase na qual se haviam condensado todas as altas esperanças e santas ambições, todos os sonhos de um estado melhor e todas as visões do reinado de Deus entre os homens, preditas pelos profetas e salmistas. Esperar pelo Reino de Deus significava ser uma daquelas pessoas devotas e piedosas, que mergulhavam no espírito do Antigo Testamento, que tinham uma fé convicta no Deus de Israel, que esperavam chegar a hora em que o Messias viria e a vontade de Deus seria feita na terra como no céu. Era esse o Reino que Simão e Ana esperavam ver antes que a morte fechasse seus olhos; diante de cuja porta estreita Nicodemos estava e não sabia, nem entendia seu chamado. Era esse o Reino que o pobre, cego e inconsequente Barrabás procurava estabelecer, junto com os seus companheiros, de maneira equivocada e violenta.

O fato de ele "esperar" queria dizer que, no coração de José, havia uma insatisfação nobre com as corrupções e misérias de sua época, e um desejo por um reinado de justiça, paz e alegria. Ao andar pela cidade e ver, como Jesus via, a iniquidade infestando-a e os abutres da vingança sobrevoando-a, sua mente se enchia de pensamentos inquietantes. Enquanto ele se sentava no conselho e olhava com olhos claros e honestos para a astúcia e as artimanhas de Caifás, a esperança quase morria dentro dele. O que um homem assim, com essa sombra sobre a alma, poderia fazer, além de se juntar àqueles que haviam perdido tudo, menos a fé em Deus, que só poderiam esperar, ansiar e orar pelo Reino de Deus? José de Arimateia era um homem religioso, esperando de maneira devota pela libertação de Israel por meio do Messias. É um belo retrato. Os evangelistas são bastante elogiosos ao retratá-lo.

Sua conversão obscura

Segundo essa descrição, é de se imaginar que ele tenha sido atraído a Jesus, e ele foi. Em seu próprio coração, admitiu a verdade em relação a Jesus afirmar ser o Messias, o iniciador do Reino de Deus. Mateus diz: *... que era também discípulo de Jesus* (Mt 27.57). Ainda assim, ele não saiu a público. João escreve: *José de Arimateia, que era discípulo de Jesus – ainda que em segredo, porque tinha medo dos judeus* (Jo 19.38). Assim como Nicodemos, seu colega no Sinédrio que veio a Jesus à noite (Jo 3), José de Arimateia foi chamado de um "discípulo do crepúsculo", ou um "discípulo no escuro", pois, na nossa história, ele não fez nada até que caísse a escuridão.

Por que José manteve sua conversão em segredo? Como membro de um conselho governamental ele tinha muito a perder e muito a conservar. Tinha posição, influência, poder, e tinha que decidir como melhor usar isso. Será que deveria ter renunciado à sua posição, abandonado todos e se juntado ao grupo de discípulos que seguiam Jesus de um lado para o outro? Afinal, Jesus havia dito: *"Assim, pois, qualquer um de vocês que não renuncia a tudo o que tem não pode ser meu discípulo"* (Lc 14.33). Qualquer governante responsável, no entanto, trabalha para preservar a paz e a estabilidade da sociedade, e isso, muitas vezes, significa dar suporte ao estado atual das coisas, em vez de apoiar um líder revolucionário. Será que ele deveria ter permanecido no Sinédrio e proclamado seu discipulado publicamente, despertando certamente a ira de seus colegas, e aceitado qualquer consequência que se seguisse? Ou ele deveria não ter dito nada em público, mas trabalhado nos bastidores para persuadir seus colegas a abrandarem sua hostilidade em relação a Jesus? De que maneira ele teria maior influência, faria o melhor para Jesus e para os judeus?

Se pudéssemos responder a essa pergunta para José de Arimateia, poderíamos respondê-la a nós mesmos. Existem muitas pessoas como ele hoje, pessoas em posições de autoridade, que sentem a tensão entre o dever oficial e o comprometimento religioso. O que nós fazemos quando vemos Cristo crucificado no preconceito racial, na injustiça econômica, na corrupção política? Como combatemos o mal se todo o sistema é corrupto e a injustiça reina como sendo a política oficial? Não é uma resposta fácil para nós, e nem foi para José.

A segunda mudança espiritual da qual José se esquivou enquanto testemunhava o episódio da Cruz, diz respeito ao uso do seu dinheiro. Está claro que um talento que Deus deu a José era sua riqueza, e o poder e a influência que a acompanhavam. Os recursos de José poderiam ter ajudado Jesus quando ele *não [tinha] onde reclinar a cabeça* (Mt 8.20). Eles poderiam ter dado a ele uma refeição mais generosa do que as espigas de milho rejeitadas no campo no dia do Sábado. Poderiam ter assegurado a entrada da palavra de Jesus entre as pessoas de alta posição em Jerusalém.

José ficou o dia inteiro sem fazer nada no mercado e, só na décima primeira hora, quando parou ao pé da cruz e discerniu a graça daquele que era rico, e por ele se fez pobre, é que viu um serviço que poderia fazer por Jesus. Ai de mim! Agora Jesus não precisava de mais nada além de um sudário e de um túmulo.

Quer por medo de seus colegas, por relutância em compartilhar sua riqueza, ou por uma crença sincera de que poderia mudar as coisas agindo nos bastidores, José optou pelo silêncio. Não foi uma tarefa fácil. Enquanto ele estava com a multidão, ouvindo Jesus no templo, ele silenciosamente aceitou Jesus como seu Messias; porém, quando sentou-se com os chefes dos sacerdotes no Sinédrio, silenciosamente concordou com a condenação deles a esse profeta problemático de Nazaré. Essa guerra civil interna finalmente o envolveu em uma oposição da qual não tinha como escapar. Os chefes dos sacerdotes prenderam Jesus e o levaram diante do Sinédrio para julgá-lo por blasfêmia. Mesmo aqui, no entanto, não sabemos com certeza o que José de Arimateia fez. De acordo com o relato de Lucas, José não consentiu na decisão e no procedimento dos outros (Lc 23.51); porém, de acordo com a descrição que Marcos faz do julgamento no Sinédrio, ... *todos o julgaram réu de morte* (Mc 14.64). Será que ele, sabiamente, ausentou-se do Sinédrio naquela noite? Ou estava lá, mas se absteve de votar, nem condenando o procedimento nem participando da condenação de Cristo, ficando em silêncio até o final?

A coragem tardia

É fácil condenar José pelos fracassos do discipulado secreto. O próprio Jesus falou: *"Pois quem se envergonhar de mim e das minhas palavras, dele se envergonhará o Filho do Homem, quando vier na sua glória e na glória do Pai e dos santos anjos"* (Lc 9.26). A história de José, no entanto, não termina aqui. Quando percebeu que seu discipulado secreto o tinha envolvido na responsabilidade da morte de Jesus na cruz, ele descobriu sua coragem tardia. Marcos nos diz que José *tomando coragem, foi falar com Pilatos e pediu o corpo de Jesus* (Mc 15.43 – NTLH). Por que era preciso coragem para fazer isso?

A lei judaica determinava que o corpo de um homem executado fosse enterrado antes do cair da noite.

> – Se alguém tiver cometido um pecado que é passível da pena de morte, e tiver sido morto, e vocês o pendurarem num madeiro, o seu cadáver não deve permanecer no madeiro durante a noite. É preciso sepultá-lo no mesmo dia, pois o que for pendurado no madeiro é maldito de Deus. Assim vocês não contaminarão a terra que o Senhor, seu Deus, lhes dá por herança (Dt 21.22s).

De acordo com o costume romano, no entanto, os corpos dos crucificados deveriam ser deixados para apodrecer na cruz, retirados apenas quando restasse uma carcaça, e jogados às aves de rapina e aos animais selvagens. As leis romanas permitiam que parentes reclamassem o corpo por um preço e dessem à pessoa um enterro decente, mas José não era parente. Embora fosse suficientemente rico para pagar o preço que Pilatos quisesse, ele não poderia alegar parentesco com Jesus. Seu pedido significaria sair do esconderijo. Significaria declarar publicamente que era um discípulo.

A noite estava chegando. João havia levado Maria para a cidade. Pedro havia negado Jesus. Os outros discípulos haviam se dispersado. Alguém tinha que fazer alguma coisa. Rico e confortável como era, José sem dúvida se esquivou dos problemas inevitáveis e do perigo de um discipulado aberto, porém, desconsiderou a provável ira de seus colegas e enfrentou Pilatos sozinho. E para isso era preciso coragem.

Lido superficialmente, o restante da narrativa conta uma história patética. Acompanhado por Nicodemos, outro discípulo secreto de Jesus, José desceu o corpo da cruz e o preparou para o sepultamento. Ele trouxe uma mortalha e Nicodemos trouxe cerca de quarenta e cinco quilos de uma mistura de mirra e aloés, muito mais especiarias do que era necessário. Será que Nicodemos também estava tentando compensar pelas oportunidades perdidas? Juntos eles envolveram o corpo de Jesus nas especiarias e em faixas de linho e o deitaram no túmulo recém-adquirido do próprio José. Juntos eles fizeram os últimos ofícios para o corpo dilacerado e, então, rolaram uma pedra contra a entrada do túmulo. Era tudo o que podiam fazer. O discipulado deles havia começado, não às onze horas, mas à meia-noite e cinco, tarde demais para trazer qualquer alegria a Jesus, tarde demais para trazer qualquer alegria a eles mesmos. É sempre patético chegar tarde demais, especialmente na morte, estar pronto só depois que a vida se foi, perceber o que poderia ter acontecido depois que a oportunidade já passou. Essa é a mensagem de José para o mundo. Na verdade, ele diz: "Não sejam como eu".

Sua consolação aberta

Mal sabia José, enquanto a pedra era colocada no lugar com uma finalidade terrível, é que esta finalidade seria frustrada. Nenhuma pedra poderia conter o poder do Filho de Deus. Do mesmo modo, nenhuma pedra é derradeira quando o poder vivo do Cristo ressurreto a afasta e entra em nossas vidas. Fracassos, decepções, derrotas, frustrações, como pedras selando um túmulo, podem manchar o jardim do Gólgota, ainda assim, Deus nunca percebe pedras. As finalidades terrenas não o prendem. Na tristeza, podemos selar com uma pedra uma parte de nosso passado, contudo, Deus tem muitas maneiras de abrir túmulos e nos libertar.

Mal sabia José, quando deu as costas para o túmulo, com seu coração tão pesado quanto aquela pedra, que, em trinta e seis horas, todo o seu trabalho teria sido inútil. A mortalha de linho estaria dobrada dentro do túmulo, a pedra seria afastada, as especiarias de Nicodemos, assim como aquelas trazidas por Maria Madalena, Maria, mãe de Tiago, e Salomé, seriam irrelevantes. Que alívio! A mortalha, as especiarias, o túmulo, tudo isso importava pouco; mas o pouco que ele havia feito, aparentemente tarde demais, não tinha sido tarde demais. Jesus havia ressuscitado e sabia quem tinha se importado com ele naquelas últimas horas negras de escuridão. Assim como José, talvez nós também tenhamos desperdiçado longos anos, tempo e energia, mas nunca é tarde demais nesta vida com Cristo. O Ressurreto está pronto para receber quem quer que venha a ele, seja o ladrão na cruz, seja José de Arimateia.

Não temos registrada nenhuma palavra que José tenha dito, mas o desafio que suas ações nos apresentam é: "Como lidamos com a imagem que queremos ter aos olhos dos outros? Como e quando usamos o dinheiro que Deus nos confiou? A posição e a categoria à qual pertencemos significam mais para nós do que sermos vistos e conhecidos abertamente como cristãos? Enquanto ainda temos tempo, deixemos que José fale conosco a partir de sua experiência.

19
Nicodemos
Um discípulo secreto

Não existem muitos entre os grandes e bons que tenham procurado Jesus, nem antes nem depois de sua morte. Mas houve alguns. Todos os Evangelhos nos falam de José de Arimateia, mas só João nos fala sobre Nicodemos. João é quem nos relata sobre o que aconteceu com Jesus em Jerusalém. Seu Evangelho é a história de Jesus contada a partir da perspectiva de Jerusalém. O sumo sacerdote conhecia João (Jo 18.15) e sua família tinha uma propriedade na cidade (Jo 19.27).

A Cruz significava muito para Nicodemos, mas a história começa muito antes, novamente em Jerusalém. João se refere a isso pela maneira que menciona Nicodemos: *aquele que anteriormente viera ter com Jesus à noite* (Jo 19.39).

Uma busca noturna pela verdade (Jo 3.1-21).

Nicodemos era um fariseu e uma pessoa de disciplina rígida. Era também um "grande mestre" e um líder, um membro do Alto Conselho dos judeus. Esse Conselho havia enviado uma delegação ao rio Jordão para investigar

João Batista, que estava batizando o povo judeu lá. Para o Conselho, isso não estava certo. Apenas convertidos à fé judaica, vindos de fora de suas comunidades, é que precisavam ser batizados. A delegação voltou com um relatório. A boa notícia era que João não alegava ser o Messias. A ruim é que ele dizia ser uma voz clamando no deserto, preparando o caminho para o Messias que estava prestes a aparecer. O Messias batizaria as pessoas com água e também com o Espírito. Nicodemos ouviu esse relatório. Talvez até estivesse na delegação que foi verificar João Batista. Sua curiosidade foi despertada.

Depois ele ouviu dizer que Jesus de Nazaré estava realizando milagres na Galileia, e que agora estava em Jerusalém para as festas. Nicodemos decidiu que deveria descobrir mais sobre isso, então, foi à casa em que Jesus estava para ter uma conversa particular e, para ter certeza de que ninguém o observaria, ele foi à noite. Foi recebido com cortesia.

Ele começou a conversa revelando o que ele e outros pensavam sobre Jesus, que era um mestre enviado por Deus. A base para essa opinião era que Jesus não só ensinava as pessoas, mas fazia milagres. Apenas se Deus estivesse com ele é que poderia realizar esses atos milagrosos.

Nós já fomos informados que Jesus tinha uma percepção muito precisa do que se passava na mente das pessoas (Jo 2.25). Então, ele deixou de lado as considerações iniciais de seu hóspede e revelou que sabia que a verdadeira dúvida de Nicodemos era se Jesus era o Messias esperado, que vinha estabelecer o Reino de Deus na Terra. *Jesus respondeu: "– Em verdade, em verdade lhe digo que, se alguém não nascer de novo, não pode ver o Reino de Deus"* (Jo 3.3). Ele estava dizendo que perguntas sobre o Messias e o Reino de Deus que ele inauguraria não poderiam ser resolvidas com um interrogatório discreto. Existia uma condição anterior. Uma pessoa precisava nascer de novo antes de poder saber qualquer coisa sobre o Reino.

Nicodemos não protestou, dizendo que esta não era uma resposta para sua pergunta. Ele entendeu literalmente o que Jesus respondera, e voltou para o terreno em que Jesus estava tomando posição. Então aconteceu a única conversa sobre nascer de novo em toda a Bíblia, e uma das poucas sobre carne e espírito. Nicodemos ficou estarrecido quando descobriu que ser nascido de novo era uma exigência. Ele não ficou impressionado, e demonstrou isso.

Jesus, então, voltou para o assunto com que Nicodemos havia iniciado a conversa, sobre ele ser um mestre, e disse:

> *"– Você é mestre em Israel e não compreende estas coisas? Em verdade, em verdade lhe digo que nós falamos do que sabemos e damos testemunho o que vimos, mas vocês não aceitam o nosso testemunho. Se vocês não creem quando falo sobre coisas terrenas, como crerão se eu lhes falar sobre as celestiais?" (Jo 3.10-12).*

Ele não mediu suas palavras. Mostrou que Nicodemos e seus amigos fariseus e membros do Conselho não estavam realmente abertos à verdade, o que ilustrava o que estava querendo dizer, que não era simplesmente uma questão intelectual.

Jesus, então, mostrou que Nicodemos e seus amigos tinham entendido errado se pensavam ser ele apenas um mestre abençoado por Deus. Ele era mais. Colocou Nicodemos e seus amigos na mesma categoria dos israelitas rebeldes na jornada com Moisés, através do deserto, para a terra prometida. Muitos deles, por causa de seu espírito egoísta e insatisfeito, teriam perecido, mordidos por cobras, em uma etapa da viagem. Deus ordenou a Moisés que erigisse uma cobra de bronze e disse ao povo que olhasse para ela, e seriam curados. Jesus estava dizendo que haveria uma repetição contemporânea daquilo, quando ele, o Filho do Homem, fosse levantado. E só se as pessoas acreditassem nele é que teriam a vida eterna. Se não acreditassem, seriam submetidos ao julgamento de Deus.

Então, ele mudou de assunto novamente, e lhe disse que, por trás de tudo isso, estava o fato de que Deus tanto amou o mundo que deu seu único Filho para salvar, não apenas os judeus, mas toda a humanidade, se apenas acreditassem nele.

Não nos é dito como Nicodemos reagiu a isso. Temos a impressão de que ele não reagiu de maneira favorável, pois Jesus, sem uma pausa, falou sobre a conexão entre luz e verdade e entre as trevas e o mal. Ele parecia estar sugerindo que Nicodemos não deveria tentar esconder o que estava fazendo vindo durante a noite.

Um apelo por um mínimo de justiça

Cerca de um ano e meio depois, Jesus estava novamente em Jerusalém para as festas. A oposição a ele, por parte dos fariseus e do Conselho, estava se intensificando. Eles enviaram guardas para prendê-lo. Os guardas voltaram de mãos vazias, pois ficaram tão impressionados pelo que Jesus estava falando que não conseguiram cumprir suas ordens.

Nesse ponto, Nicodemos entra na história mais uma vez. Ele defendeu Jesus no Conselho, mas apenas de maneira fraca e genérica. *Nicodemos, um deles, que antes tinha ido conversar com Jesus, perguntou-lhes: – Será que a nossa lei condena um homem sem primeiro ouvi-lo e saber o que ele fez?"* (Jo 7.50s). Era alguma coisa, mas foi logo desconsiderado pelas autoridades. Os outros não se impressionaram e claramente não tiveram nenhuma suspeita de que Nicodemos fosse um seguidor de Jesus. Eles responderam sarcasticamente. *– Por acaso também você é da Galileia? Examine e verá que da Galileia não se levanta profeta* (Jo 7.52). Nicodemos não havia se esquecido de Jesus. Ele ainda estava atraído por ele, mas completamente em segredo.

O momento da revelação

Cerca de seis meses depois, já era quase época de outra Páscoa. Jesus havia conquistado uma popularidade imensa. Havia verdadeiramente ressuscitado um homem e as autoridades estavam muito preocupadas. Estavam dispostas a tomar medidas extremas. Judas, um membro do grupo mais próximo dos Doze, jogou-o nas mãos das autoridades, e facilitou para que pudessem prender Jesus e julgá-lo naquela mesma noite, antes de a Páscoa começar.

Não sabemos se Nicodemos estava naquela reunião. Eles conseguiram o que queriam. Jesus foi preso, julgado e crucificado no espaço de quinze horas.

Ver Jesus pendurado na cruz foi o momento da revelação para Nicodemos. Ele se lembrou da conversa que havia tido com Jesus naquela noite, dois anos antes. Fez pouco sentido na época, mas ele nunca esqueceu. Sua intervenção no Conselho, seis meses antes, demonstrou isso. Agora ele via tudo acontecendo diante dos seus olhos. No Conselho, Caifás, o sumo sacerdote, pulou para a acusação de blasfêmia por Jesus ter admitido ser o Filho de Deus. Pilatos fez um teatro ao exibi-lo diante das multidões hostis.

Primeiro ele o trouxe à frente de todos anunciando: – *Eis o homem!* (Jo 19.5). Nicodemos lembrou-se de que Jesus chamou a si mesmo de *"Filho do Homem!"* (Jo 3.14) Então, depois de interrogá-lo mais, Pilatos novamente o trouxe à frente de todos e anunciou: – *Eis aqui o rei de vocês* (Jo 19.14). Nicodemos lembrou-se também da conversa que eles tiveram sobre o Reino de Deus. Finalmente, eles o penduraram na cruz. Nicodemos lembrou-se*: "... é necessário que o Filho do Homem seja levantado, para que todo o que nele crê tenha a vida eterna"* (3.14s). Ele via tudo agora – tarde demais!

Jesus morreu mais rápido do que o esperado. Todos estavam com pressa de terminar a execução e limpar o lugar até o pôr-do-sol. Outro membro rico do Conselho, José de Arimateia, que também seguia Jesus em segredo, decidiu dar a ele um enterro decente. Ele pediu permissão a Pilatos, o governador, e isso lhe foi concedido. Nicodemos ficou sabendo que José tinha conseguido permissão para enterrar Jesus em seu próprio túmulo e decidiu ajudar. Ele enviou servos até sua casa, ou foi pessoalmente, para buscar quarenta e cinco quilos de mirra e aloés, uma quantidade enorme – o suficiente para um rei!

José comprou um sudário de linho e, juntos, envolveram Jesus nas faixas, colocando mirra e aloés entre cada camada do tecido e nas dobras. Que ironia! Um túmulo incrivelmente perfumado depois de uma crucificação tão dolorosa. Então o dia terminou, o Sábado começou, e eles foram para casa descansar e pensar.

Nicodemos desaparece da história nesse ponto. Existem várias lendas que indicam que ele tenha se tornado um seguidor de Jesus. Existe até um evangelho apócrifo de Nicodemos. Ele acreditou? Ele seguiu abertamente para conhecer o Senhor? Esperamos que sim. O que fez com que esses homens finalmente parassem de se esconder e se mostrassem? Obviamente foi o medo que os fez caminhar tão cuidadosamente. Eles tinham medo que seus colegas fariseus se decepcionassem com eles e os expulsassem do Conselho. Talvez estivessem com medo que os membros saduceus do Conselho, que eram a favor da colaboração com os romanos, os denunciassem a eles. Mas foi quando o perigo se tornou pior do que jamais havia sido, quando Jesus foi levado, julgado e crucificado, que eles sentiram que não podiam mais se esconder. Alguns podem até dizer que foi quando já não importava mais, porque Jesus já estava morto, que eles abertamente planejaram lhe dar um enterro esplêndido.

Existem muitos lugares no mundo, hoje, em que a única maneira de seguir Jesus é em segredo. Isso, em si, já é uma cruz. Mas se essas pessoas são conhecidas pelos homens ou não, as histórias de José e de Nicodemos nos mostram que são conhecidas por Deus, e dignas de ser mencionadas na história do Reino.

Uma diferença entre Nicodemos e José de Arimateia é que nós temos registradas algumas palavras ditas por Nicodemos, mas nenhuma dita por José. Foram as palavras que Nicodemos usou para ir contra o Conselho quando este estava condenando Jesus sem um julgamento. Mais importante foi a conversa que Nicodemos teve com Jesus à noite, no telhado. Nós devemos algo à visita noturna que ele fez a Jesus. Foi ela que nos deu a declaração mais plena que Jesus já fez sobre o quanto à insuficiência do nosso nascimento natural, e da necessidade de um novo nascimento. Também aprendemos que *"Porque Deus amou o mundo de tal maneira que deu o seu Filho unigênito, para que todo o que nele crê não pereça, mas tenha a vida eterna"* (Jo 3.16). É difícil pensar no Evangelho sem essas palavras, especialmente quando seguimos Jesus declaradamente. Esse é o segredo da Cruz.

20
Maria Madalena

No desenrolar do drama pós-Ressurreição, a primeira pessoa a encontrar Jesus ressurreto e a crer foi Maria Madalena. Os guardas relataram aos chefes dos sacerdotes que o túmulo estava vazio, e estes procuraram freneticamente por uma explicação alternativa para as evidências. As três mulheres, Maria Madalena, Maria, mãe de Tiago, e Salomé, relataram aos discípulos que o túmulo estava vazio, que não acreditaram, porque as palavras delas pareciam loucura. Enquanto Pedro e João correram para o túmulo para verificar a veracidade da história, e enquanto o restante dos discípulos se escondia atrás de portas fechadas com medo das autoridades, Maria Madalena voltou ao jardim, perplexa. Entorpecida pela tristeza, ela havia assistido à crucificação. Ela tinha visto Jesus se contorcer e chorar à medida que os pregos atravessavam sua carne. Tinha visto Jesus pedir água. Tinha visto seu corpo cair quando ele deu seu último suspiro. Viu Nicodemos e José de Arimateia tirarem o corpo da Cruz, envolverem-no com especiarias e levarem-no ao túmulo no jardim. Determinada a acrescentar suas próprias especiarias às delas, ela tinha se levantado cedo e ido ao jardim, só para encontrar o túmulo aberto e o corpo ausente. Quando correu para contar aos discípulos, eles não acreditaram nela. Não é de admirar que agora ela estivesse sentada, chorando, na frente do túmulo.

A devoção de Maria

Sabemos bem pouco sobre Maria Madalena antes da sua participação no drama da Cruz e da Ressurreição, com exceção de uma passagem sobre ela no Evangelho de Lucas.

> *Aconteceu, depois disso, que Jesus andava de cidade em cidade e de aldeia em aldeia, pregando e anunciando o evangelho do Reino de Deus. Iam com ele os doze discípulos, e também algumas mulheres que haviam sido curadas de espíritos malignos e de enfermidades: Maria, chamada Madalena, da qual saíram sete demônios; Joana, mulher de Cuza, procurador de Herodes, Suzana e muitas outras, as quais, com os seus bens, ajudavam Jesus e os seus discípulos (Lc 8.1-3).*

Maria veio da cidade de Magdala, à beira do Mar da Galileia, a cinco quilômetros de Cafarnaum, e ela provavelmente se juntou aos discípulos durante a segunda missão de Jesus pela Galileia, no segundo ano de seu ministério. Não sabemos se era solteira ou casada, viúva ou divorciada. Muitos especularam sobre o significado dos "sete demônios". As teorias incluem epilepsia, melancolia aguda e depressão, ou até imoralidade e prostituição. Essa última teoria, embora improvável, permaneceu viva pela confusão entre Maria Madalena e a prostituta que ungiu os pés de Jesus com perfume, cujo nome não é mencionado (Lc 7.36, 50), e Maria de Betânia, que praticou o mesmo ato de devoção (Jo 11.2).

Qualquer que tenha sido a natureza dos sete demônios, Jesus havia resgatado Maria Madalena de uma prisão física ou espiritual, que possuía e controlava sua vida. Ela estava começando a conhecer a libertação em Jesus, e o seguiu motivada pela gratidão. Sua vida estava agora centrada na pessoa de Jesus. Não havia nada que ela não fizesse por ele. Ela usava seu próprio dinheiro para ajudar a sustentá-lo (Lc 8.2s), seguia-o e cuidava de suas necessidades (Mc 15.41). Durante a crucificação e o sepultamento, Maria não tirava os olhos de Jesus. Ela assistiu à distância quando os soldados o crucificaram e os chefes dos sacerdotes o ridicularizaram (v.40). Ouviu-o gritar *"Deus meu, Deus meu, por que me desamparaste?"* (Mt 27.46). Ela ouviu-o soltar um alto brado e expirar. E mesmo então, não desertou de seu posto, pois viu quando José de Arimateia veio pedir o corpo, seguiu-o até o túmulo e viu onde ele colocou Jesus (Mc 15.47). Quando os outros discípulos haviam se dispersado, Maria Madalena estava lá.

Depois de um Sábado de insônia e agitação, ela estava lá novamente quando ainda estava escuro, agora com mais especiarias para o corpo de Jesus. De acordo com o Evangelho de João, ela foi a primeira a chegar ao túmulo e a primeira a sair com a notícia de que o corpo havia sumido. *Então correu e foi até onde estavam Simão Pedro e o outro discípulo, a quem Jesus amava, e disse-lhes: – Tiraram o Senhor do túmulo, e não sabemos onde o colocaram* (Jo 20.2). Depois, quando estava chorando diante do túmulo, disse aos dois anjos: *... levaram o meu Senhor, e não sei onde o puseram* (v.13). Em seu sofrimento e devoção determinada, ela confundiu Jesus com o jardineiro, e disse, atordoada: *"– Se o senhor o tirou daqui, diga-me onde o colocou, e eu o levarei"* (v.15). Ela superou a todos os outros em sua atenção. Durante dois anos ela o havia seguido, apoiado, amado, dependido dele, devotado sua vida a ele; e agora, distraída, chorando e atônita, não conseguia encontrá-lo.

A desmoralização de Maria

Certa vez, Jesus uma vez teceu um comentário sobre os efeitos posteriores da possessão demoníaca.

> *"Quando um espírito imundo sai do homem, anda por lugares áridos, procurando repouso; e, não o achando, diz: Voltarei para minha casa, donde saí. E, tendo voltado, a encontra varrida e ornamentada. Então, vai e leva consigo outros sete espíritos, piores do que ele, e, entrando, habitam ali; e o último estado daquele homem se torna pior do que o primeiro" (Lc 11.24-26).*

Esta é a única outra referência a sete espíritos malignos no Novo Testamento. Quer isso se refira diretamente aos sete espíritos expulsos de Maria Madalena ou não, lança uma luz sobre o que Maria poderia estar passando. Aquela experiência de libertação do que a afligia estava deixando-a em um estado pior do que o primeiro.

Existem muitas pessoas como Maria Madalena. Elas conheceram o amor de Deus e suas vidas mudaram drasticamente. Experimentaram a alegria, a maravilha e a empolgação de seguir Jesus e, ao mesmo tempo, não conseguiam fazer o suficiente para retribuir a ele. Como Maria, eram completamente devotadas. Então a morte, as circunstâncias, lar desfeito ou um casamento fracassado tirou delas o centro de suas vidas, deixando um buraco tão grande que ninguém poderia preencher. Certezas com as quais achavam que podiam contar – uma fé cristã, um marido amoroso ou um emprego estável, desmoronam diante de seus olhos. Nada mais parece certo. Como Maria, parada e impotente ao pé da Cruz, incapaz de impedir os soldados ou os sacerdotes, mas compelida a testemunhar o drama cruel até o fim, elas foram feitas para sofrer com eventos que não podem controlar. Corações partidos em sofrimento, elas lutaram sob o peso esmagador da perda e da depressão. Frustradas em suas tentativas de cumprir até mesmo uma tarefa simples, como ungir o corpo com especiarias, elas afundaram em uma depressão tão negra e pesada que não podem mais continuar. Distraídas, chorando e atônitas, como Maria, perderam o caminho de volta à fé e à vida na Ressurreição.

A libertação de Maria

Como alguém pode tatear seu caminho de volta da depressão para a luz e para a vida? Como Maria encontrou seu caminho? Primeiro, ela foi para o lugar certo e falou com as pessoas certas. Ela estava lá no lugar em que viu Jesus pela última vez. Três vezes ela voltou para o túmulo, mesmo quando todos os outros haviam desistido. Ela falou com os discípulos e contou-lhes sobre o seu pesar pelo corpo desaparecido. Ela perguntou aos dois anjos onde ele estava, e depois perguntou a Jesus.

O que nós fazemos quando sofremos de depressão profunda? Eu tenho um amigo que viveu um divórcio trágico. Ele quer acreditar, mas nunca consegue. Ele evita os cristãos e raramente vem à igreja. É quase como se precisasse de sua perda para se alimentar e não quisesse realmente ajuda para superá-la. Mas Maria não! Em vez de ficar em casa, sozinha, sem falar com ninguém, em vez de alimentar sua tristeza no isolamento ou de reclamar aos ouvidos errados, Maria Madalena foi ao lugar certo e continuou fazendo as perguntas certas às pessoas certas.

Em segundo lugar, percebeu como Cristo a conhecia pessoalmente e se importava com ela. Ela não o encontrou; ele a encontrou. Assim como Maria, talvez nós tenhamos perdido nosso caminho em meio à incerteza, perda, depressão, confusão. Talvez não saibamos onde começar a procurar, ou nem estejamos dispostos a procurar; mas Jesus já está lá na nossa depressão, procurando-nos e nos chamando pelo nome.

Chamando, chamando, Jesus está chamando,
Está sempre teu nome a chamar.
Voltas das ruas, estás te desviando
Filho meu, volta ao lar.

Na região de Gorbals, na cidade de Glasgow, Escócia, um assistente social estava conduzindo uma pesquisa nas favelas. Ele bateu em uma porta e, quando uma mulher atendeu, ele perguntou quantas pessoas viviam na casa. A mulher respondeu: "Tem o Jimmy, a Mary, a Sadie e o Bobby". "Dê-me apenas os números", o assistente social interrompeu. A mulher respondeu: "Aqui não mora nenhum número. Todos eles são nomes para mim". Da mesma maneira, todos nós somos nomes para Deus. Jesus carinhosamente perguntou a Maria por que ela estava chorando e a chamou pelo nome. Só então ela o reconheceu.

Em terceiro lugar, Maria tinha que aprender o que era e o que não era possível. Quando reconheceu Jesus, ela exclamou: *Raboni!* (Jo 20.16), que significa Mestre, e alegremente o abraçou. Sua maneira de se dirigir a ele sugeria o desejo de retomar a velha atitude e o antigo relacionamento com Jesus. Ela queria voltar à maneira como as coisas eram antes de Jesus ter morrido, cuidando dele, suprindo as necessidades dele com suas riquezas, seguindo-o pelas cidades e vilas empoeiradas da Galileia. Agora ela podia apagar o pesadelo dos últimos três dias. Tudo seria como antes. Mas Jesus gentilmente soltou as mãos dela e disse: *"Não me detenhas; porque ainda não subi para meu Pai"* (Jo 20.17). Jesus não era mais um homem em carne. Ele tinha um corpo ressurreto. Agora eles teriam um novo relacionamento. Da mesma maneira para nós, relacionamentos ou experiências passados às vezes não podem ser revividos depois de uma perda. Não importa o quanto o desejemos, não podemos voltar ao mesmo lugar. A perda de um colega, a morte de um amigo, o fim de um casamento, tudo isso muda nossa maneira de pensar, nossas atitudes e nossos relacionamentos. Nós, assim como Maria, temos que descobrir o que é e o que não é possível do outro lado do desespero.

Em quarto lugar, Maria precisou se livrar de sua maneira antiga de ver Deus. Depois da Ressurreição, Jesus *manifestou-se em outra forma* (Mc 16.12) aos discípulos no caminho de Emaús, e eles não o reconheceram. Nem Maria reconheceu. *Tendo dito isto, voltou-se para trás e viu Jesus em pé, mas não reconheceu que era Jesus* (Jo 20.14). Face a face com Jesus, Maria o confundiu com o jardineiro, porque ainda estava procurando o corpo de um homem morto em vez de um corpo ressurreto. Nós também, muitas vezes, procuramos Deus em uma forma; e quando ele vem a nós em outra, não o reconhecemos e achamos que fomos abandonados em meio ao desespero. Nós temos ideias estereotipadas e estabelecidas a respeito de Deus. Esperamos que ele se manifeste nos trazendo prosperidade material, cura física ou imunidade contra os desastres. Quando não o encontramos nessa forma, caímos em desespero. Da próxima vez em que estivermos certos de que Deus nos abandonou, vamos parar de procurá-lo naquilo que ele nunca prometeu e descobrir que esteve conosco o tempo todo de uma maneira diferente. Talvez apenas tenhamos pensado que era o jardineiro. O Deus que nós descobrimos quando estamos certos de que ninguém está lá é o verdadeiro Deus.

Finalmente, Maria teve que confiar na relação nova e única com Deus, por meio de Cristo. Quando falou do Pai, Jesus sempre falou "meu Pai", nunca "nosso Pai". Seu status de Filho era único. Agora ele estava estendendo esse status de filho a Maria, aos discípulos e a todos os que iriam crer. *"... mas vai ter com os meus irmãos e dize-lhes: Subo para meu Pai e vosso Pai, para meu Deus e vosso Deus"* (Jo 20.17).

Ele é meu Pai e também seu Pai, meu Deus e seu Deus. A Cruz e a Ressurreição mudaram para sempre o nosso relacionamento com Deus e nos tornaram filhos adotivos na família única de Deus. O Espírito transforma você em filho de Deus, e pelo poder do Espírito podemos exclamar: "Pai! Meu Pai!" O Espírito de Deus se junta aos nossos espíritos para declarar que nós somos filhos de Deus. Já que somos seus filhos, vamos receber as bênçãos que ele tem para o seu povo, e também possuiremos, junto com Cristo, o que Deus reservou para ele; pois se compartilhamos os sofrimentos de Cristo, também compartilharemos sua glória (Rm 8.15-17). Que nós possamos, assim como Maria, entrar nessa família adotiva com confiança, acreditando que Deus é nosso Pai, que ele nos ama e que seu amor nunca muda. Só então poderemos descobrir os novos relacionamentos, definir as novas possibilidades e encontrar o Deus que está lá, do outro lado da nossa depressão e da nossa dúvida.

21
Ressurreição e integridade

Essa cena se abre no sábado à noite, em algum momento depois das seis. De acordo com o costume judaico, o Sábado havia terminado, e as atividades da semana poderiam ser retomadas. Os principais personagens que tinham arquitetado a crucificação se encontraram de novo na residência de Pilatos. Eram os chefes dos sacerdotes, que não acreditavam em ressurreição; os fariseus, que acreditavam, e Pilatos, que estava ansioso para terminar de uma vez essa história toda e, provavelmente, irritado pelo simples fato de ser incomodado. Eles disseram, com falsa humildade:

> *Senhor, lembramo-nos de que aquele embusteiro, enquanto vivia, disse: Depois de três dias ressuscitarei. Ordena, pois, que o sepulcro seja guardado com segurança até ao terceiro dia, para não suceder que, vindo os discípulos, o roubem e depois digam ao povo: Ressuscitou dos mortos; e será o último embuste pior que o primeiro (Mt 27.63s).*

É um discurso revelador! A ideia da ressurreição de Jesus, ou até mesmo a existência de boatos sobre sua ressurreição, claramente assustou as autoridades. A crença deles dizia: "Homens mortos não falam", e, para o propósito deles, a ressurreição ou qualquer coisa depois da morte seria certamente inconveniente, até mesmo desastrosa. O tiro poderia sair pela culatra, e isso seria uma ameaça à coisa que eles mais adoravam no mundo: seu poder. Assim, mesmo que parecesse estranhamente apressado depois do Sábado, assim como a crucificação tinha sido estranhamente apressada antes do Sábado, alguma coisa precisava ser feita a respeito.

A Ressurreição desafia a autoridade humana

Normalmente essa reunião seria desnecessária, pois, como a pena de morte era responsabilidade romana, o corpo também era. Infelizmente, um membro do próprio Conselho tinha saído da linha e complicado as coisas. José de Arimateia, um membro rico e respeitado do seu grupo, vendo na Cruz qual era o resultado da diplomacia oficial, cansou-se de ficar quieto e se conformar às regras e foi corajosamente pedir o corpo para sepultá-lo em seu túmulo particular. Aquilo complicou as coisas, e gerou a necessidade da comissão ao governador para verificar que as devidas medidas de segurança fossem tomadas. É sempre uma ameaça às autoridades inescrupulosas quando alguém do seu próprio grupo sai da linha e faz o que é certo, ou até mesmo o que é decente. Caifás, no entanto, não era homem de ser ameaçado por pessoas de mente piedosa ou consciência sensível, como José. Tudo tinha jeito. Perceba como eles agem. Seu discurso está baseado na convicção de que, se uma mentira é repetida suficientemente, as pessoas acabam acreditando nela. Esta é a ideia fundamental por trás de toda artimanha ou propaganda antiética. *"Aquele embusteiro",* foi como chamaram Jesus. Tanta falsidade nos parece inacreditável, mas não devemos ser céticos. Os órgãos oficiais são bem capazes de insinuações perversas como essa, se isso lhes convier. Então, para sustentar o mito, eles sugeriram que os discípulos poderiam roubar o corpo e contar outra mentira, de que *"ele ressuscitou dos mortos".*

De onde eles tiraram essa ideia? Certamente de suas próprias mentes distorcidas e corruptas. Isso é o que eles teriam feito nessas circunstâncias.

Talvez o exemplo de Judas tenha feito com que pensassem que os próprios discípulos de Jesus não pensariam duas vezes antes de recorrer à mesma tática. Isso alimentaria, é claro, a propaganda enganosa de que esse era um movimento perigoso e inescrupuloso. De qualquer maneira, tinha que ficar claro que o governo não faz nada de errado.

Sua última frase mostra uma percepção aguda: ... *será o último embuste pior que o primeiro*. A primeira mentira, de acordo com eles, era que Jesus era o Filho de Deus (Mt 26.63-66). Sem investigar essa afirmação de Jesus, eles gritaram que era uma blasfêmia. Eles o condenaram direto, ignorando até mesmo os procedimentos estabelecidos de julgamento para os casos de blasfêmia. Eles não estavam prontos para considerar se era verdade ou não, então disseram que era mentira, e que ele era um mentiroso. Tudo era muito impressionante, especialmente se, como o sumo sacerdote fez, alguém tem um acesso de indignação e rasga suas roupas e gritando. Agora, no entanto, eles viram que qualquer sugestão de que Jesus tivesse ressuscitado dos mortos seria ainda mais difícil de lidar. Além do seu próprio significado, a Ressurreição transformaria a primeira "mentira" em verdade. Jesus realmente seria o Filho de Deus, pois sua Ressurreição provaria sua identidade. Por isso, para eles, a segunda mentira seria pior do que a primeira. Causaria problemas com seus chefes e com o povo. Mais importante ainda, se houvesse uma Ressurreição, eles seriam chamados após a morte para responder pelo que haviam feito. É impressionante a clareza com que esses homens inescrupulosos entenderam as implicações da Ressurreição.

A Ressurreição desafia a segurança humana

Esse foi, então, o belo discurso, deixando claro que tipo de pessoas eles eram. Como Pilatos reagiu? Ele rapidamente lhes deu a permissão que queriam. *Disse-lhes Pilatos: Aí tendes uma escolta; ide e guardai o sepulcro como bem vos parecer* (Mt 27.65). Há um toque de sarcasmo aqui. *...ide e guardai o sepulcro como bem vos parecer.* Isso é tudo o que está aberto às autoridades, especialmente autoridades corruptas. Certificar-se com toda a certeza que puder. Infelizmente para eles, foi a pessoa que estava dentro do túmulo que disse: *"Toda a autoridade me foi dada no céu e na terra"* (Mt 28.18). Enquanto isso for verdade, ninguém pode enterrar a verdade, aprisionar a justiça ou conter o amor. Só pode tentar certificar-se com toda a certeza que puder, e foi isso que fizeram. Eles usaram uma grande pedra, um selo oficial cuidadosamente colocado e um destacamento de soldados. Uma pedra, um selo e alguns sentinelas: eles manipularam as condições físicas, as armadilhas legais e a milícia armada. E isso era o melhor que podiam fazer. Não era o suficiente. Eles estavam se colocando contra Deus e a natureza final das coisas.

Nós também gostaríamos que as coisas fossem da maneira que nós queremos e, algumas vezes, as pessoas imaginam que podem fazer isso se forem capazes de controlar a lei, o exército e as condições físicas. Mais cedo ou mais tarde, no entanto, a realidade se revela. Alguém pode manipular com leis naturais e morais apenas temporariamente. O pêndulo inevitavelmente volta e, no caso deles, voltou imediatamente. Antes do nascer do sol, o selo foi quebrado, a pedra foi rolada, os soldados foram dispersos com assombro e Jesus Cristo ressuscitou dos mortos. Em lugar algum somos informados sobre como isso aconteceu exatamente. Se alguém testemunhou o evento real, foram os soldados. Mateus escreve: *... eis que alguns da guarda foram à cidade e contaram aos principais sacerdotes tudo o que sucedera* (Mt 28.11). O relatório deles, no entanto, era um material extremamente perigoso para os chefes dos sacerdotes. Eles convocaram uma reunião com um grupo seleto dos anciãos e, imediatamente, abafaram a história. A narrativa não nos dá nenhuma pista sobre se eles ficaram impressionados ou se começaram a pensar que estavam errados sobre Jesus. Assim como qualquer oficial corrupto, eles foram fiéis à sua história e continuaram agarrados ao seu poder. Quando a reunião do amanhecer terminou, eles tinham resolvido tudo e cuidado de tudo.

Primeiro, levantaram uma grande quantia de dinheiro para subornar os guardas. Provavelmente era o suficiente para que eles se aposentassem e realizassem seu sonho de abrir um negócio ou comprar uma fazenda em algum lugar, como sempre sonharam, pois o suborno funcionou e os manteve na linha. A história que eles tinham que contar era que, primeiro, os discípulos vieram durante a noite e roubaram o corpo; e segundo, que isso tinha acontecido enquanto eles tiravam uma soneca. Aparentemente eles não pensaram na inconsistência das duas partes da história: se os soldados estavam dormindo, como sabiam que o corpo tinha sido roubado ou quem teria feito isso? Não precisamos nos surpreender com isso, no entanto, pois explicações inconsistentes como essa são bem conhecidas na política, mesmo hoje, e a possibilidade de verificá-las é mantida inacessível, sob a desculpa da segurança pública ou do acesso privilegiado.

A Ressurreição vence a falsidade humana

Uma coisa, no entanto, aconteceu. O corpo não estava lá e não poderia ser apresentado. O fato de as autoridades não o terem apresentado mostra que não foram elas que o removeram. Que os discípulos não o haviam roubado fica claro pela completa confiança com que eles saíram para viver e morrer na fé de que Jesus tinha ressuscitado. O fato de ninguém mais ter apresentado o corpo prova que ninguém poderia, pois as motivações eram irresistíveis para fazê-lo. Independentemente de como você olhe, sempre voltamos à palavra do homem no túmulo: *Ele não está aqui!*, e nenhuma explicação além da que esse homem deu esclarece satisfatoriamente seu desaparecimento: ... *ressuscitou, como tinha dito* (Mt 28.6).

As autoridades, no entanto, não podiam aceitar essa explicação. Elas mantiveram a história que tinham subornado os guardas para contar. Os soldados se arriscaram ao repetir essa história; isso poderia tê-los levado à corte marcial. Os sacerdotes haviam previsto essa possível objeção e já se anteciparam:

Caso isto chegue ao conhecimento do governador, nós o persuadiremos e vos poremos em segurança (Mt 28.14). Eles podiam cuidar de Pilatos. Eles o tinham manipulado muito bem na questão da crucificação, e agora, é claro, tinham outra carta na manga, a própria crucificação. Pessoas como os chefes dos sacerdotes envolvem profundamente alguém como Pilatos e, depois, ameaçam revelar tudo se demonstrarem sinais de tentar pular fora e se endireitar. Aparentemente eles não tiveram dificuldades com Pilatos; ele estava de mãos amarradas. Os guardas também cumpriram sua parte do acordo, de acordo com Mateus: *Eles, recebendo o dinheiro, fizeram como estavam instruídos. Esta versão divulgou-se entre os judeus até ao dia de hoje* (Mt 28.15). Se algum deles tivesse se convertido, nós teríamos ouvido a história daquela noite no jardim. O que sabemos deve ter vazado indiretamente do próprio Conselho, pois foi só o suficiente para que soubéssemos do fato da fraude, sem os detalhes que foram abafados.

Certa vez, Jesus contou uma história sobre um homem rico no inferno que queria que alguém fosse avisar seus cinco irmãos sobre os terrores de lá. Jesus disse que seria inútil. Se as pessoas não mudam com a verdade que está disponível a elas, alguém vindo dos mortos e contando a elas não resolveria nada. Como ele estava certo! No próprio caso de Jesus, sua Ressurreição dos mortos não alterou em nada as pessoas que haviam arquitetado sua morte na Cruz. Era a mesma mistura de antes. Mentiras, subornos e manobras políticas crucificaram Jesus. Mentiras, subornos e manobras políticas tentaram desacreditar a Ressurreição.

A Ressurreição de Jesus ameaça a liderança corrupta

Ela introduz e estabelece fatores que não podem ser controlados. Os chefes dos sacerdotes fizeram tudo o que podiam. Mesmo assim, Jesus ressuscitou. Eles criaram e executaram seu plano B. No entanto, cinquenta dias depois, três mil pessoas descobriram que Jesus estava muito vivo, e o número cresceu rapidamente dali em diante, criando problema em cima de problema para esses líderes. Depois de relatar as tentativas frenéticas dos chefes dos sacerdotes de controlar a Ressurreição, Mateus continua, quase com uma gargalhada, citando Jesus: *"Toda a autoridade me foi dada no céu e na terra.*

21 — Ressurreição e integridade

Ide, portanto, fazei discípulos de todas as nações [...] E eis que estou convosco todos os dias até à consumação do século" (Mt 28.18-20).

Às vezes, vemos a justiça virada do avesso, a integridade longe demais e a verdade tristemente em falta. *Sim, a verdade sumiu, e quem se desvia do mal é tratado como presa* (Is 59.15). É novamente a Cruz, mas a Cruz nunca é o fim. Jesus ressuscitou e toda a autoridade lhe foi dada. Sua Ressurreição é a prova inabalável de que a verdade triunfará no final e justiça finalmente será feita. Como diz o hino:

> *Se a maldade aqui prospera,*
> *a verdade é divinal;*
> *Pode o bem, na dura luta,*
> *se abater perante o mal?*
> *E se num futuro incerto*
> *mais intensa a luta for,*
> *Sendo a Rocha inabalável,*
> *Deus nos guarda em seu amor.*

Deus é amor, e o amor não pode ser derrotado. A Cruz e a Ressurreição nos dizem isso, para sempre.

De qual lado nós estamos? Nós nos identificamos mais com aqueles que crucificaram Jesus por motivos egoístas e tentaram abafar sua Ressurreição para manter seu poder desprezível? O que nossas ações no ano passado indicariam como resposta para essa pergunta?

Ou nos identificamos com os outros homens céticos e mulheres emotivas da história? Eles não eram nada melhores do que o primeiro grupo. Acharam que era bom demais para ser verdade que Jesus, a quem haviam desertado e negado, e de quem haviam duvidado, tivesse voltado em amor, procurando por eles. Jesus queria acolhê-los permanentemente, despertar o potencial para o bem que existia neles e fazê-los trabalhar pelo Reino. Ele os recuperou do seu medo, dúvida e depressão, e efetuou uma transformação tão radical neles que, em resposta, eles saíram e viraram o mundo de cabeça para baixo.

O mesmo pode acontecer conosco se, em penitência, nós acreditarmos na Ressurreição e aceitarmos o Jesus ressurreto como Filho de Deus. Então conheceremos um novo tipo de poder, não o poder ineficiente dos órgãos oficiais corruptos e egoístas, mas o poder da Ressurreição, o poder de ressuscitar do mal, do pecado e da conduta indigna para a integridade, a verdade e o amor.

22
A evidência que não podia ser usada e o fato que não podia ser negado

A maioria dos manuscritos mais confiáveis do Evangelho de Marcos termina de maneira bastante dramática no meio de uma frase. *E, saindo elas, fugiram do sepulcro, porque estavam possuídas de temor e de assombro; e, de medo, nada disseram a ninguém* (Mc 16.8). Por que Marcos teria parado aqui? Por que ele não explicou o silêncio e o medo de Maria Madalena, Maria, mãe de Tiago, e Salomé? Embora os tradutores da Bíblia, em geral, tenham acrescentado um ponto ao final de Marcos 16.8, os estudiosos concordam que, na verdade, seria mais correto pontuar a frase com algum sinal de incompletude. Os versículos 9 a 20, que seguem, não constam nos manuscritos mais confiáveis. A cena que Marcos descreve do drama da Cruz parece, portanto, em alguns bons manuscritos, parar abruptamente nesse ponto, com uma frase pela metade.

Os fatos

Sabemos que essas três mulheres foram até o lugar onde Jesus havia sido sepultado para ungir seu corpo com especiarias, apenas para encontrar a grande pedra removida da porta e o corpo desaparecido. O que nós não sabemos é quão absoluto foi seu silêncio depois disso. Sabemos também que, quando os cristãos começaram a pregar sobre Jesus, enfatizaram a centralidade da Ressurreição. Porém, nunca mencionaram, em nenhum dos seus sermões, as mulheres que foram ao túmulo ao nascer do sol e o encontraram vazio. Vinte anos depois, quando Paulo listou as pessoas a quem Jesus havia aparecido como prova da Ressurreição, mencionou algumas que não aparecem nos Evangelhos, mas manteve um completo silêncio sobre essa experiência das mulheres.

O quebra-cabeças

A história foi registrada pela primeira vez cerca de trinta anos depois, quando Marcos escreveu seu Evangelho, quebrando o longo silêncio das mulheres. *... e, de medo, nada disseram a ninguém* (Mc 16.8). Também não podemos presumir que o silêncio delas, e a relutância de Marcos em falar mais sobre o assunto, mesmo trinta anos depois, fosse porque os discípulos não o soubessem. Marcos usa as mesmas palavras para o homem curado da lepra, sem indicar que isso quisesse dizer silêncio absoluto: *"Olha, não digas nada a ninguém; mas vai, mostra-te ao sacerdote..."* (Mc 1.44). Os outros Evangelhos confirmam que elas contaram o que viram aos outros discípulos (Lc 24.9 e Jo 20.2). Porém foi aí que a história parou e que o silêncio começou. Para resolver esse mistério sobre o silêncio das mulheres, vamos observar vários pontos da história.

Sua autenticidade

A história tem a vivacidade do relato de uma testemunha ocular. Marcos descreve precisamente que três mulheres, Maria Madalena, Maria, mãe de Tiago e José, e Salomé assistiram à crucificação (Mc 15.40). Duas delas, Maria Madalena e Maria, mãe de José, viram o sepultamento (15.47). Todas as três novamente estavam trazendo as especiarias depois do Sábado para ungir o corpo de Jesus (16.1). Ele registra a hora precisa do dia, *ao despontar do sol* (v.2), e a conversa das mulheres quando se aproximavam do túmulo: *Quem nos removerá a pedra da entrada do túmulo?* (v.3). A pedra é mencionada três vezes (15.46; 16.3 e 16.4), sugerindo a lembrança viva de um grande problema resolvido. Ele descreve a surpresa delas ao ver um jovem vestido de roupas brancas (16.5); a mensagem sem fôlego, fragmentada: *Não vos atemorizeis [...] ele ressuscitou, não está mais aqui; vede o lugar onde o tinham posto. Mas ide, dizei a seus discípulos e a Pedro...* (vs.6s), e sua partida histérica, quando elas saíram tremendo e assustadas (v.8). Todo o relato tem o ar da narrativa viva de uma testemunha ocular.

Seu autor

Entrando no túmulo, viram um jovem assentado ao lado direito, vestido de branco... (Mc 16.5). Muitos explicam esse como sendo um anjo, mas essa pressuposição não é nem óbvia nem mesmo provável. A palavra usada aqui para "jovem" não significa anjo em nenhum outro lugar das Escrituras. Ela só aparece uma outra vez no Evangelho de Marcos, quando Jesus é preso, e tradicionalmente é entendida como uma referência ao próprio Marcos: *Seguia-o um jovem, coberto unicamente com um lençol, e lançaram-lhe mão. Mas ele, largando o lençol, fugiu desnudo* (Mc 14.51s). Esse pequeno incidente, que só aparece no Evangelho de Marcos e que não acrescenta nada de importante à narrativa, já foi descrito como: "o monograma do pintor em um canto escuro do quadro".

As roupas brancas não significam necessariamente vestes angelicais. Em Apocalipse, os cristãos glorificados são, muitas vezes, descritos vestindo roupas brancas (Ap 6.11; 7.9,13), mas a mesma palavra é usada para descrever a roupa usada pelos mestres da lei (Mc 12.38), e significa simplesmente uma roupa longa e solta. Além disso, a mensagem do jovem para as mulheres, *... ele vai adiante de vós para a Galileia, lá o vereis, como ele vos disse* (Mc 16.7), também implica que o mensageiro esteve presente no jardim antes da prisão. Foi lá que Jesus havia dito aos discípulos: *"Mas, depois da minha ressurreição, irei adiante de vós para a Galileia"* (Mc 14.28). Tudo isso acrescenta dados à inferência de que o jovem no túmulo na manhã da Ressurreição era o próprio Marcos. Os outros Evangelhos relatam que as mulheres ficaram emocionalmente perturbadas, mas só Marcos escreve com o detalhamento de uma testemunha visual, e isso só muito tempo depois, longe de Jerusalém, possivelmente para um público italiano.

Seu constrangimento

Por que Marcos não revelou sua história antes? Os chefes dos sacerdotes haviam espalhado em Jerusalém o boato de que os discípulos haviam levado o corpo (Mt 28.13-15). Pelo menos essa era a história que os soldados estavam contando. Havia evidências de que três mulheres anteriormente associadas a Jesus e um homem estiveram no túmulo ao amanhecer, ou antes. Obviamente, seus nomes não poderiam ser divulgados, pois eles não tinham um álibi para a acusação. Na verdade, não só aquele dia, mas durante os quarenta dias que se seguiram, os discípulos estavam tentando não chamar a atenção. Na noite da Ressurreição, *trancadas as portas da casa onde estavam os discípulos com medo dos judeus...* (Jo 20.19). Uma semana depois, quando Jesus apareceu a Tomé, os discípulos ainda estavam dentro de casa com as portas trancadas (Jo 20.26). Só depois de pelo menos duas semanas é que eles ousaram partir para a Galileia. Esse medo foi o responsável pelo silêncio durante os quarenta dias entre a Ressurreição e a Ascensão.

Sua precisão

Qual exatamente era a evidência das mulheres? Que Jesus tinha ressuscitado? Não no início. Sua evidência mostrava que o túmulo estava vazio. Por que essa informação não foi revelada? Ninguém precisava dela. Os guardas estavam afirmando a mesma coisa. Qualquer um poderia ver por si mesmo, como fizeram Pedro e João, verificando isso com uma caminhada de cinco minutos até o jardim. Quando os apóstolos começaram a pregar sobre a Ressurreição, no dia de Pentecostes, não havia necessidade de provar. O túmulo vazio era um fato aceito.

Agora, isso é uma grande prova. Os céticos muitas vezes tentaram explicar, mas nunca conseguiram. Alguns tentaram desacreditar a história ao apontar as inconsistências entre os Evangelhos nos relatos da história das mulheres: Mateus diz que um anjo falou com as mulheres, João diz que foram dois anjos, Lucas diz dois homens e Marcos fala de um jovem. Mas esses detalhes conflitantes poderiam muito bem ter surgido da histeria e do medo natural dessas três mulheres, cada uma delas contando a história. Nos detalhes importantes – o túmulo vazio e Jesus ressuscitado – todas concordavam.

Outros argumentaram que as mulheres foram ao túmulo errado. Maria Madalena e Maria, mãe de Tiago, no entanto, viram onde Jesus foi sepultado (Mc 15.47). É difícil pensar que as duas teriam confundido uma questão tão importante e, de qualquer maneira, as autoridades poderiam ter simplesmente mandado o jardineiro verificar o túmulo correto.

Outros ainda dizem que José de Arimateia teria removido o corpo, mas um ato desses não estaria de acordo com o caráter de um líder religioso respeitado e correto. Ele não deu nenhum outro fim ao corpo nem ergueu um santuário ao seu Senhor.

As autoridades também não o levaram, pois apenas apresentar o corpo teriam encerrado a questão. Eles o teriam mostrado se pudessem. Os discípulos não roubaram o corpo, como os chefes dos sacerdotes os acusavam. Sua pregação subsequente não teria convicção alguma, e nenhum deles teria morrido como mártir, como aconteceu com alguns deles, se estivessem falando de uma fraude. A evidência das mulheres não será eliminada: o túmulo estava vazio.

Mesmo quando confrontados com a evidência inegável, muitas pessoas têm dificuldade de aceitar a verdade da Ressurreição. Essa dificuldade não é estranha, nem nova. É tão velha quanto a própria Ressurreição. Mesmo os discípulos, aqueles que conheciam Jesus melhor, tiveram grandes dificuldades em aceitá-la. Quando Maria Madalena acreditou, os outros discípulos duvidaram: *Estes, ouvindo que ele vivia e que fora visto por ela, não acreditaram* (Mc 16.11). Lucas diz que as mulheres – Maria Madalena, Joana, Maria, mãe de Tiago, e a outra mulher que estava com elas – contaram essas coisas aos apóstolos. Mas os apóstolos acharam que o que elas disseram era loucura, e não acreditaram nelas (Lc 24.10s).

Mesmo depois de ter ouvido a história das mulheres sobre o túmulo vazio, e de ela ter sido confirmada por Pedro e João, os homens no caminho de Emaús se contentaram em falar no passado: *Ora, nós esperávamos que fosse ele quem havia de redimir a Israel...* (Lc 24.21). Mesmo quando os homens no caminho de Emaús acreditaram, os outros discípulos duvidaram. *Depois disto, manifestou-se em outra forma a dois deles que estavam de caminho para o campo. E, indo, eles o anunciaram aos demais, mas também a estes dois eles não deram crédito. Finalmente, apareceu Jesus aos onze, quando estavam à mesa, e censurou-lhes a incredulidade e dureza de coração, porque não deram crédito aos que o tinham visto já ressuscitado* (Mc 16.12-14). Quando os outros discípulos finalmente acreditaram, Tomé duvidou: *Se eu não vir nas suas mãos o sinal dos cravos, e ali puser o dedo, e não puser a mão no seu lado, de modo algum acreditarei* (Jo 20.25). Mesmo na Igreja Primitiva, cristãos duvidaram. Paulo escreveu: *Ora, se é corrente pregar-se que Cristo ressuscitou dentre os mortos, como, pois, afirmam alguns dentre vós que não há ressurreição de mortos? E, se não há ressurreição de mortos, então, Cristo não ressuscitou. E, se Cristo não ressuscitou, é vã a nossa pregação, e vã, a vossa fé...* (1Co 15.12-14). A dificuldade em acreditar na Ressurreição não é novidade alguma.

Acreditar na Ressurreição nunca foi fácil. Ela não pode ser definitivamente provada; nem pode ser definitivamente desacreditada. Mesmo assim, a crença na Ressurreição é essencial. A pregação apostólica deu a ela um lugar de proeminência, e fez dela uma condição para a salvação. *Se, com a tua boca, confessares Jesus como Senhor e, em teu coração, creres que Deus o ressuscitou dentre os mortos, serás salvo* (Rm 10.9). A crença na Ressurreição é difícil, mas mesmo assim todos nós precisamos nos encontrar com o Jesus ressurreto e decidir, por nós mesmos, se acreditamos ou não. A revelação não vem ao curioso ou ao cético, mas ao que a busca.

23

Pedro e João
Uma nova parceria

Muitas coisas mudaram no período da morte e ressurreição de Jesus. Uma foi a postura de alguns dos discípulos. No começo dos Evangelhos, Tiago e João são irmãos quase inseparáveis, com Tiago sempre sendo mencionado primeiro, muito provavelmente por ser o mais velho. Fica-se com a impressão de que é o irmão mais velho sempre cuidando do seu irmão mais novo, mas mais brilhante.

Uma reputação para superar

Eles formavam uma dupla formidável. Jesus os chamou, humoristicamente, de *"filhos do trovão"* (Mc 3.17), por causa da sua tendência de pedir que caísse fogo dos céus sobre aqueles que não estivessem do lado deles. Jesus teve que dizer a eles que não sabiam que espécie de espírito ele representava (Lc 9.54s).

Eles eram filhos de Zebedeu e de sua esposa, Salomé. Salomé e Maria, mãe de Jesus, eram irmãs, portanto, Jesus era primo em primeiro grau de

Tiago e João. A família tinha um significativo negócio de pesca no Mar da Galileia. Eles eram suficientemente prósperos para terem contratado mão de obra, comprado uma casa e estabelecido conexões em Jerusalém. Tinham uma parceria com outros dois irmãos, André e Pedro, naturais de Betsaida, mas que agora viviam com a sogra de Pedro em Cafarnaum. Esses quatro foram os primeiros discípulos a quem Jesus chamou, e Pedro, André, Tiago e João são sempre os quatro primeiros nomes mencionados na lista dos doze apóstolos.

Em ocasiões especiais, Jesus às vezes escolhia três, Pedro, Tiago e João, para irem com ele – quando ressuscitou a filha de Jairo, e para estar com ele no monte da transfiguração e no jardim do Getsêmani.

Uma pressuposição que precisava ser corrigida

Praticamente a última vez que os irmãos são descritos como Tiago e João foi na última viagem de Jesus a Jerusalém. Eles, junto com sua mãe, tentaram antecipar o que Jesus faria, pedindo que lhes prometesse lugares à direita e esquerda do seu trono no Reino (Mt 20.20-28). Jesus desafiou a presunção deles perguntando se eram capazes de beber do cálice de sofrimento que ele estava para tomar. Eles disseram que sim.

Os outros dez discípulos ficaram furiosos com essa presunção, mas Jesus deu a todos uma lição sobre a verdadeira natureza da liderança a que deveriam aspirar: *"... quem quiser tornar-se grande entre vós, será esse o que vos sirva; e quem quiser ser o primeiro entre vós será vosso servo"* (vs.26s). E explica: *"... tal como o Filho do homem, que não veio para ser servido, mas para servir e dar a sua vida em resgate por muitos"* (v.28). Temos todos os motivos para crer que os dois irmãos aceitaram isso e se comprometeram com Jesus de uma maneira completamente nova.

Uma nova dupla

Já percebemos uma diferença quando Jesus escolhe apenas Pedro e João para os preparativos da Páscoa (Lc 22.8). Jesus lhes pediu que encontrassem e preparassem o lugar no qual jantariam naquela noite. Essa foi a primeira vez que apenas Pedro e João foram selecionados para uma tarefa. Desse ponto em diante, a fonte de muitos dos detalhes sobre Pedro é João, em seu Evangelho.

Mais tarde, naquela noite, eles estavam juntos na Última Ceia, e Jesus predisse que um dos discípulos o trairia.

> *Ora, ali estava conchegado a Jesus um dos seus discípulos, aquele a quem ele amava; a esse fez Simão Pedro sinal, dizendo-lhe: Pergunta a quem ele se refere. Então, aquele discípulo, reclinando-se sobre o peito de Jesus, perguntou-lhe: Senhor, quem é? (Jo 13.23-25).*

Aquele discípulo era João, e Jesus lhe contou como indicaria o traidor.

Quando Judas veio para trair Jesus, João foi o único evangelista que revelou que foi Pedro quem estava disposto a lutar contra o destacamento que veio prender Jesus, sacando sua espada e cortando a orelha do servo do sumo sacerdote.

Eles ainda estão juntos depois da traição, quando os dois seguem Jesus até seu julgamento.

> *Simão Pedro e outro discípulo seguiam a Jesus. Sendo este discípulo conhecido do sumo sacerdote, entrou para o pátio deste com Jesus. Pedro, porém, ficou de fora, junto à porta. Saindo, pois, o outro discípulo, que era conhecido do sumo sacerdote, voltou, falou com a encarregada da porta e levou a Pedro para dentro. Então, a criada, encarregada da porta, perguntou a Pedro: Não és tu também um dos discípulos deste homem? Não sou, respondeu ele. Ora, os servos e os guardas estavam ali, tendo acendido um braseiro, por causa do frio, e aquentavam-se. Pedro estava no meio deles, aquentando-se também (Jo 18.15-18).*

João, sendo conhecido do sumo sacerdote, conseguiu que eles entrassem na casa para acompanhar o julgamento dali. Infelizmente, foi João quem colocou Pedro no lugar no qual ele negaria três vezes conhecer Jesus. João foi a única testemunha do fracasso de Pedro, e isso transparece na maneira simpática com a qual ele conta essa história. Só João menciona como Pedro entrou. Só João não menciona como Pedro começou a praguejar e amaldiçoar para enfatizar suas negações. Só João omite o fato constrangedor de Pedro ter chorado amargamente quando o galo cantou e ele percebeu o que tinha feito. Parece claro que esses dois estavam ficando ainda mais próximos do que antes.

João menciona o que aconteceu com ele ao pé da Cruz, quando Jesus disse a sua mãe que considerasse João como um filho, e pediu que este cuidasse dela. Pedro menciona que também estava lá, pois nos conta, em sua carta, que foi testemunha dos sofrimentos de Cristo (1Pe 5.1). Pedro e João, de maneira única, estavam começando a experimentar juntos o evento terrível da Cruz. Isso refinou o caráter deles e os lançou em uma parceria que deu frutos e que perdeu todo senso de rivalidade.

Duas ressurreições pessoais

Parece que Pedro voltou com João e Maria, mãe de Jesus, para a propriedade de Zebedeu, em Jerusalém, pois eles ainda estavam juntos, bem cedo, no terceiro dia. Eles correram até o túmulo ao ouvir o relato de Maria de que estava vazio e que o corpo havia sido levado. João chegou lá primeiro, mas parou na entrada. Pedro o alcançou e, do seu jeito impulsivo, entrou direto. Então João o seguiu e eles viram os lençóis nos quais Jesus havia sido enrolado, mas não viram Jesus. João acreditou, mas, aparentemente, Pedro não. Gentilmente, João relata que nenhum deles ainda tinha feito a conexão com o que Jesus havia dito sobre a necessidade de ele ressuscitar dos mortos (Jo 20.1-10). Jesus apareceu especialmente para Pedro naquele dia, mas nós não conhecemos os detalhes (Lc 24.34).

Existe mais um evento sobre Pedro que só João nos conta, e entra como personagem no final. O Evangelho de João é o único que nos conta como Jesus restaurou dolorosamente Pedro depois de sua negação, e como o comissionou novamente. Foi na Galileia. Pedro estava desanimado e pronto a voltar para a pescaria. Seis outros discípulos concordaram em ir com ele. João estava lá, mas apenas como um dos "filhos de Zebedeu". Ele nunca refere a si mesmo pelo nome. Eles pescaram a noite inteira, mas não pegaram nada. Jesus apareceu na praia e os cumprimentou quando estavam voltando. Ele ocultou sua identidade e lhes perguntou se tinham pegado alguma coisa. Eles responderam: *"Nada!"* Jesus lhes disse que jogassem a rede do lado direito do barco, e eles o fizeram. Imediatamente suas redes estavam tão cheias de peixes que tiveram dificuldades de puxá-las.

João, de repente, percebeu que era Jesus e disse isso. Quando Pedro ouviu, pulou na água e foi até Jesus. Era uma comovente repetição das circunstâncias originais do chamado de Pedro, praticamente três anos antes. Eles cozinharam um pouco do que pescaram e tomaram o café da manhã. Então aconteceu um longo diálogo em que, com grande sensibilidade, Jesus deu a Pedro a chance de afirmar seu amor por ele, uma vez para cada vez que o negou. Ele o faz de maneira a deixar transparecer que Pedro se transformou em uma pessoa muito mais humilde do que era. Jesus também diz que ainda quer que Pedro trabalhe para ele.

Jesus continua essa reintegração de Pedro com uma triste previsão de como ele viria a morrer. *"Em verdade, em verdade te digo que, quando eras mais moço, tu te cingias a ti mesmo e andavas por onde querias; quando, porém, fores velho, estenderás as mãos, e outro te cingirá e te levará para onde não queres"* (Jo 21.18). Pedro, naturalmente, ficou apreensivo, e procurando por alguém para compartilhar as dificuldades que estavam por vir, perguntou o que aconteceria a João. Jesus disse a ele que o que aconteceria a João não era problema dele. *"Segue-me"* (v.19). João termina seu Evangelho com um endosso comovente, afirmando que isso realmente aconteceu. Pedro e João se tornaram extremamente próximos, e João estava demonstrando um carinho inesperado, vindo do "filho do trovão" de outrora.

Completamente refeitos

O restante é contado brevemente. Os dois principais atores dos primeiros dias da Igreja Primitiva foram Pedro e João. Temos uma pista disso quando os discípulos estavam reunidos esperando o Espírito Santo prometido por Deus. Há uma lista dos onze discípulos que sobraram depois que Judas se enforcou. Pedro ainda está em primeiro lugar na lista, mas agora são "Pedro, João e Tiago", em vez de "Pedro, Tiago e João". E essa nova dupla são os atores principais em Jerusalém e na Samaria, pregando, curando, sendo presos, comparecendo aos tribunais e gerando novos convertidos.

Tiago aparece novamente apenas para demonstrar de maneira convincente que falava sério quando disse que estava pronto a enfrentar o sofrimento, naquele incidente em que eles demonstraram uma ambição cheia de vaidade. Ele foi o primeiro apóstolo a ser martirizado (At 12.2). Ele, de fato, bebeu do cálice do sofrimento.

Mais tarde, quando Paulo buscava suporte para seu próprio status como um apóstolo, ele cita os três pilares da Igreja, Tiago, irmão de Jesus, Pedro e João.

Então João desaparece completamente da história, até reaparecer como o autor do Evangelho e das três cartas aos cristãos de igrejas não citadas. Estas obras mostram que ele deixou para trás o temperamento impetuoso, pelo qual Jesus o provocava, da época em que era o irmão mais novo e inseparável de Tiago. Ele se tornou o apóstolo do amor, a quem nós devemos mais do que a qualquer outro escritor, pela exposição do amor que o Pai teve por seu Filho e por nós, a ponto de nos tornar seus filhos. Ele se refere a Deus como Pai muito mais do que qualquer outro escritor no Novo Testamento.

Não é de se surpreender que ele fale tanto sobre nascer de novo. Essa era a única linguagem para descrever o que ele e seu irmão mais velho experimentaram quando levaram a sério o princípio do sacrifício demonstrado na Cruz. João usa seu Evangelho e suas cartas para que seus leitores saibam que é possível nascer de novo e se tornar uma pessoa radicalmente diferente e melhor. A história da Igreja é a repetição dessa transformação por meio da Cruz e do Espírito, em uma longa sucessão de pessoas, até chegar a nós. Como João coloca: *Mas, a todos quantos o receberam, deu-lhes o poder de serem feitos filhos de Deus, a saber, aos que creem no seu nome; os quais não nasceram do sangue, nem da vontade do homem, mas de Deus* (Jo 1.12s).

Escritores antigos afirmam que João morreu em uma idade avançada em Éfeso, na costa oeste do que hoje é a Turquia. Antes disso, em uma das perseguições, ele foi exilado na ilha de Patmos, onde recebeu a visão descrita no livro do Apocalipse.

Saindo da sombra do outro

Parece que João vivia na sombra de seu irmão mais velho, e que ele precisava sair dela antes de poder se tornar a pessoa que Deus queria que ele fosse. Isso aconteceu em quatro etapas. Começou quando Jesus desafiou a ambição que a excessiva solidariedade de sua família gerava. Eles tinham que abandonar qualquer ideia de lugares à direita e à esquerda de Jesus no seu Reino vindouro, e o fizeram. Continuou, evento após evento, na longa noite da Última Ceia, na traição de Jesus, e no dia igualmente longo da crucificação. Eles poderiam ter escrito sobre si mesmos:

> *Mas sobre a cruz de Cristo meus olhos podem ver*
> *Um vulto agonizante por mim ali morrer.*
> *Então, enternecido declaro o seu amor,*
> *Amor incomparável por mim, um pecador.*
>
> *Desejo estar à sombra da cruz do Salvador.*
> *Nenhum fulgor anseio senão o do Senhor.*
> *O mundo abandonando, sem nada aqui perder,*
> *Na cruz encontro a glória que me redime o ser.*

No entanto, não foram deixados naquela desolação. Ao ressuscitar, Jesus veio ao encontro deles com perdão e com uma nova comissão. Finalmente, o processo foi completado pelo Espírito Santo, que desceu sobre eles no Pentecostes.

Acontece, às vezes, que, o que uma pessoa de fato, só aparece quando ela sai da sombra de outro. Com Catherine Marshall foi assim. Ela era a esposa de Peter Marshall, capelão do senado dos Estados Unidos de 1947 a 1949. A biografia do seu marido, *A man called Peter* ("Um homem chamado Pedro"), tornou-se um best-seller, e seus escritos foram amplamente publicados. Foi só mais tarde, e por meio da experiência de sua morte prematura em 1949, que Catherine saiu de sua sombra. *To Live Again* ("Viver de novo") foi o primeiro de muitos outros livros que ela escreveu. Eles ajudaram milhares de pessoas. Outras viúvas passaram pelo mesmo processo quando seus maridos morreram. A sombra da Cruz pode ser o caminho para uma nova vida de amor e luz.

24
Tomé e a dúvida

Tomé entra em cena para desempenhar seu papel no drama da Cruz com um rótulo de personagem bem característico. O epíteto "o discípulo que duvidou" acabou representando os pessimistas, que sempre conseguem ver os eventos da pior maneira possível, ou os céticos, que se recusam a acreditar em qualquer coisa sem provas visíveis e tangíveis. Em parte, Tomé merece seu rótulo, mas, ao ser confrontado com o Cristo ressurreto, ele também nos mostra o caminho da dúvida para a fé.

Fé e temperamento

Além da menção ao seu nome na lista dos discípulos chamados por Jesus, a primeira vez que Tomé aparece nos Evangelhos é na história da ressurreição de Lázaro. Quando Jesus recebeu a mensagem de Maria e Marta de que Lázaro estava doente, ele disse aos discípulos que estava voltando para Judeia. *Disseram-lhe os discípulos: Mestre, ainda agora os judeus procuravam apedrejar-te, e voltas para lá?* (Jo 11.8). Quando viram que nenhum protesto convenceria Jesus de que seria imprudente, até mesmo fatal, voltar a Betânia, Tomé, encolhendo os ombros com uma resignação pessimista, disse aos outros discípulos: *Vamos também nós para morrermos com ele* (Jo 11.16). Tomé sabia que a viagem terminaria em fracasso ou desastre. Ele tinha certeza disso. Mesmo assim, se Jesus insistia em voltar, ele estava decidido a segui-lo. Sua lealdade ou coragem nunca estiveram em jogo. O que estava era seu pessimismo, sua falta de habilidade em entender, ou até imaginar em seus sonhos mais loucos, que Jesus tinha poder sobre vida e morte. Enquanto percorriam vagarosamente a estrada empoeirada do caminho de volta a Betânia, eles não estavam marchando para a humilhação e a derrota, como ele havia imaginado; ao contrário, estavam prestes a testemunhar a maior demonstração do poder de Deus até então, a ressurreição miraculosa de Lázaro. Mesmo assim, Tomé sabia que o plano estava fadado ao fracasso. Ele tinha certeza disso.

Tomé demonstra o mesmo pessimismo na segunda vez em que aparece nos Evangelhos, na Última Ceia. Jesus tinha acabado de assegurar aos seus discípulos:

> *"Não se turbe o vosso coração; crede em Deus, crede também em mim. Na casa de meu Pai há muitas moradas. Se assim não fora, eu vo-lo teria dito. Pois vou preparar-vos lugar. E, quando eu for e vos preparar lugar, voltarei e vos receberei para mim mesmo, para que, onde eu estou, estejais vós também. E vós sabeis o caminho para onde vou"* (Jo 14.1-4).

Com sua característica franqueza realista, Tomé interrompeu Jesus: *Senhor, não sabemos para onde vais; como saber o caminho?* (v.5). Seu tom de voz não exprimia perplexidade ou ansiedade, mas pessimismo. É quase como se dissesse: "Cai na real. Eu ainda não vi o menor sinal da casa do Pai. Não faço ideia de para onde você está indo. Não sei o caminho. Se você vai morrer agora, então nós também podemos morrer com você". Nada que Jesus dissesse poderia quebrar a parede de pessimismo negro que Tomé erigiu ao redor de sua vida. Nenhum encorajamento poderia iluminar sua escuridão interior.

24 — Tomé e a dúvida

A dúvida de Tomé estava enraizada no tipo de pessoa que ele era, assim como no tipo de verdade em que lhe pediam que acreditasse. Ele parecia naturalmente olhar para o lado negro das coisas. Era o tipo de pessoa que olha para o copo e diz que ele está meio vazio em vez de meio cheio. Todos nós conhecemos pessoas assim. Talvez nós mesmos sejamos como Tomé. As coisas boas sempre parecem boas demais para ser verdade, e as coisas ruins parecem muito fáceis de acontecer. Se, como Tomé, temos uma personalidade pessimista, não ajuda em nada fazer de conta que a fé vem fácil para todos. Algumas pessoas sempre acham as coisas mais difíceis do que outras.

Na parábola de Jesus sobre os dez talentos, cada servo começou com um talento. Ao investir, alguns servos facilmente transformaram esse um talento em dez, outros em cinco, e alguns tiveram problemas até mesmo para ganhar um. No final, no entanto, a disposição de arriscar tudo pelo seu mestre era mais importante do que o lucro obtido. Da mesma maneira, a nossa disposição de acreditar nas Boas Novas da Ressurreição, de esperar em Deus, de mudar nossa atitude pessimista diante da vida, é mais importante do que os poderosos milagres da fé que alguns parecem experimentar tão facilmente. Se nós nos reconhecemos em Tomé, talvez precisemos examinar nossa perspectiva pessimista. O nosso fracasso em acreditar no poder de Deus não seria, no fundo, um fracasso em conhecermos a nós mesmos, uma deficiência de nossa personalidade que não queremos admitir?

Fé e atitudes

Um temperamento pessimista é uma coisa; o que se faz com ele, é outra. O primeiro pode ser constitucional; o segundo pode ser controlado. Tomé não tinha como evitar sua personalidade pessimista, mas poderia ter melhorado seu comportamento.

Seu primeiro erro foi se isolar. Quando os outros discípulos se reuniram naquela noite da Ressurreição, Tomé não estava lá. Quando Jesus apareceu a eles, transformando o medo em alegria e a ansiedade em paz, Tomé não estava lá. Em vez disso, ele ficou sozinho. Ele cultivou seu sofrimento e remoeu seu medo. Recusou-se a conversar com alguém ou discutir a questão com alguém. Ele não ouviu Jesus dizer *"Paz seja convosco!"* (Jo 20.19), porque não estava lá. É essencial estar lá quando lições importantes precisam ser aprendidas. É por isso que o autor de Hebreus diz: *Não deixemos de congregar-nos, como é costume de alguns; antes, façamos admoestações e tanto mais quanto vedes que o Dia se aproxima* (Hb 10.25). Da mesma maneira que Jesus apareceu aos discípulos reunidos para transformar o medo em fé, também prometeu aparecer onde quer que os que nele creem estivessem reunidos, não importa quão desanimados ou pessimistas eles sejam. *"Porque, onde estiverem dois ou três reunidos em meu nome, ali estou no meio deles"* (Mt 18.20).

O segundo erro de Tomé foi aumentar seu ceticismo insistindo nele. Quando os outros discípulos disseram que haviam visto o Senhor, ele declarou: *Se eu não vir nas suas mãos o sinal dos cravos, e ali não puser o dedo, e não puser a mão no seu lado, de modo algum acreditarei* (Jo 20.25). O discurso dá poder permanente às atitudes. Quase podemos ouvi-lo dizendo: "Eu disse que aconteceria um desastre, e agora aconteceu. Não vamos nos enganar. As mulheres no túmulo estavam tão alteradas que simplesmente imaginaram que um anjo apareceu. Vocês apenas tiveram uma alucinação ontem à noite. Vocês não viram Jesus de verdade. Essas coisas simplesmente não acontecem. Era só algo que vocês queriam muito. Eu não acredito". Quanto mais Tomé falava, mais forte ficava seu ceticismo.

O terceiro erro de Tomé foi insistir nos sinais. Ele exigiu provas tangíveis e visíveis. Ele queria ver as marcas dos pregos e tocar nas feridas. Ele exigia evidências, mas não esperava vê-las de fato. Colocou condições para sua crença que, de acordo com sua costumeira força de linguagem, achou que nunca seriam cumpridas. Não acreditar era importante para ele. Talvez tenha sido nessa época que ele ganhou dos seus colegas o apelido de Tomé, o "discípulo que duvidava". Seu ceticismo tinha lhe dado certa notoriedade. Chamava a atenção. Dava a ele certo status a seus próprios olhos, e disso ele não abriria mão tão facilmente.

Fé e visão

Uma semana depois, os discípulos se encontraram novamente a portas trancadas e, dessa vez, Tomé estava lá. Sem dúvida, os outros discípulos o convenceram a ir, e talvez ele tivesse consentido como uma espécie de teste. Será que Jesus realmente apareceria de novo? Ele ousaria satisfazer as condições que Tomé tinha imposto para acreditar? Qualquer que seja o motivo, Tomé estava lá e, de repente, Jesus estava lá também, dizendo *"Paz seja convosco!" E logo disse a Tomé: "Põe aqui o dedo e vê as minhas mãos; chega também a mão e põe-na no meu lado; não sejas incrédulo, mas crente"* (Jo 20.26s). Item a item, Jesus cumpriu suas exigências. Ele desafiou o cético a cumprir com o seu teste. A fé na Ressurreição era difícil, mas não impossível, e Jesus deliberadamente confrontou Tomé em seu próprio território, em meio ao seu pessimismo e ceticismo, oferecendo a ele provas visíveis e tangíveis para produzir a crença.

O próximo passo era com Tomé. Ele conseguiria deixar de lado seu pessimismo e ceticismo e acreditar? Ou sua atitude pessimista em relação à vida era arraigada demais, o ceticismo importante demais, impedindo que a fé agisse? Outros viram as mesmas provas e mesmo assim escarneceram. O próprio Jesus havia predito isso na parábola do homem rico e de Lázaro, que as pessoas não se deixariam convencer: *"Se não ouvem a Moisés e aos Profetas, tampouco se deixarão persuadir, ainda que ressuscite alguém dentre os mortos"* (Lc 16.31). Deve ter ocorrido um momento dramático de silêncio, enquanto a fé brigava com a dúvida no interior de Tomé. Não é difícil abandonar o hábito de uma vida em um momento. Mas Tomé passou no teste. Com uma exclamação, *Senhor meu e Deus meu!* (Jo 20.28), ele passou do pessimismo à fé, do ceticismo à crença.

Na primeira parte de sua frase a Jesus, ele reconheceu que aquele que estava morto agora estava vivo: "Meu Senhor, meu Mestre amado". O Jesus parado diante dele era o mesmo Jesus que ele havia amado e seguido. Ele aceitou o fato milagroso da Ressurreição. Do fato, ele passou à doutrina. Na segunda parte de sua declaração, reconheceu a divindade de Cristo: *Deus meu!* Aqui estava seu Senhor ressuscitado e, portanto, seu Deus, pois, se a morte não tinha poder algum sobre Jesus, ele devia ser divino. Tomé também não fez só um compromisso intelectual para substituir seu ceticismo intelectual. Era pessoal. Ele relacionou toda sua resposta a si: *Senhor meu e Deus meu!*

A fé de Tomé veio pelo ver. Talvez esse seja seu propósito no drama da Ressurreição. Seu ceticismo, sua insistência nas provas tangíveis e visuais da Ressurreição, coloca definitivamente de lado o argumento de que os discípulos eram ingênuos e que foram iludidos. Assustados como estavam, eles não experimentaram apenas uma alucinação coletiva. Quando Jesus apareceu a eles, não foi uma ilusão, foi o próprio Jesus em um corpo ressurreto, com as marcas dos pregos e as feridas que Tomé pôde ver e tocar.

No entanto, apesar do teste de Tomé, o cético dentro de nós pode ainda estar dizendo: "Se eu pudesse ver, eu acreditaria". Talvez alguns de nós ainda estejamos nos escondendo atrás do nosso ceticismo, usando-o como uma desculpa para fazer o mal. Seguros no nosso conhecimento de que não dá para ter certeza absoluta da Ressurreição, não estamos dispostos a confrontar Jesus pela fé.

Em seu conto "É difícil encontrar um homem bom", a escritora americana Flannery O'Connor conta a história de uma avó e de sua família, que foram sequestrados por um presidiário fugitivo, chamado de O Desajustado. Ele usa seu ceticismo como uma desculpa para fazer o mal. Enquanto seus cúmplices levam os membros da família, um a um, para serem assassinados, O Desajustado começa uma discussão teológica com a avó.

> *"Jesus foi a única pessoa que ressuscitou dos mortos", disse O Desajustado, "e Ele não devia ter feito isso. Ele desequilibrou tudo. Se ele fez o que disse que fez, então não há nada que você possa fazer a não ser jogar tudo fora e segui-lo. E, se ele não fez, então não há nada que você possa fazer a não ser curtir os poucos minutos que lhe restam da melhor maneira que conseguir, matando alguém, queimando sua casa ou fazendo alguma outra maldade com ele. Nenhum prazer, a não ser a maldade", e sua voz tornou-se quase um grunhido. "Talvez ele não*

> tenha ressuscitado dos mortos", a senhora murmurou, sem saber o que estava dizendo e sentindo tonturas que parecia afundar, com as pernas retorcidas.
>
> "Eu não estava lá, então não posso dizer que ele não ressuscitou", O Desajustado disse. "Eu queria ter estado lá", disse ele, socando o chão. "Não é justo que eu não tenha visto, porque se eu estivesse lá eu saberia. Ouça aqui, dona", ele disse, quase gritando, "se eu estivesse lá, eu saberia, e eu não seria do jeito que eu sou agora".

O Desajustado, assim como Tomé, estava se escondendo atrás do seu ceticismo, exigindo condições que ele não esperava ver cumpridas. Provas tangíveis do Jesus ressurreto, no entanto, não estão confinadas à era apostólica. Sempre que se responde ao mal com o bem, à maldição com bênção, ao ódio com o amor, Jesus mais uma vez nos mostra o poder de sua Ressurreição nas vidas tangíveis e visíveis das pessoas que encontramos. Em cada ato de bondade, gentileza e amor, Jesus nos mostra as marcas dos pregos e as feridas de seu corpo ressurreto. Em meio à tortura mental, ao assassinato e à morte certa, a vovó da história mostra ao Desajustado a prova tangível que ele exigiu.

> A mente da avó se clareou por um instante. Ela viu o rosto contorcido do homem perto do seu, como se fosse começar a chorar, e balbuciou: "Ora, você é um dos meus bebês. Você é um dos meus filhos!" Ela esticou o braço e tocou em seu ombro.

Seu gesto de perdão e amor, como o perdão de Cristo para com os soldados que o crucificaram, mostrou ao Desajustado que ele estava na presença do Jesus ressurreto. Ele não tinha mais desculpa alguma. Não podia mais se esconder atrás de seu ceticismo. Assim como Tomé, ele tinha que escolher. Para usar suas próprias palavras: "Se ele fez o que disse que fez, então não há nada que você possa fazer a não ser jogar tudo fora e segui-lo". Assim com os soldados na crucificação, no entanto, O Desajustado vai até o fim. Quase por reflexo, ele mata a avó, mas sua última fala na história "Não há prazer real algum na vida", mostra que ele iniciou o longo caminho de volta do mal para o bem. Sem poder mais se esconder atrás de seu ceticismo, sem poder usar a desculpa de que não podia ter certeza da Ressurreição de Jesus, O Desajustado deu o primeiro passo para se afastar do mal e se aproximar da redenção e da fé. Na vida de seus santos, Cristo ainda confronta o cético e oferece provas visíveis e tangíveis de sua Ressurreição.

Mas quantas provas são necessárias para convencer um cético? Em vez de depender de uma prova tangível de sua Ressurreição, Jesus nos oferece um caminho muito mais excelente, o caminho da fé. Para Tomé, ele disse:

> *"Porque me viste, creste? Bem-aventurados os que não viram e creram" (Jo 20.29). Para aqueles cristãos do primeiro século que não haviam visto Jesus, nem antes nem depois da Ressurreição, Pedro escreveu: Bendito o Deus e Pai de nosso Senhor Jesus Cristo, que, segundo a sua muita misericórdia, nos regenerou para uma viva esperança, mediante a ressurreição de Jesus Cristo dentre os mortos (...) a quem, não havendo visto, amais; no qual, não vendo agora, mas crendo, exultais com alegria indizível e cheia de glória, obtendo o fim da vossa fé: a salvação da vossa alma (1Pe 1.3,8s).*

A fé não está restrita à era apostólica. É possível ter fé sem ver. Como conseguimos isso? João dá a resposta: a Palavra de Deus.

> *Na verdade, fez Jesus diante dos discípulos muitos outros sinais que não estão escritos neste livro. Estes, porém, foram registrados para que creiais que Jesus é o Cristo, o Filho de Deus, e para que, crendo, tenhais vida em seu nome (Jo 20.30s).*

A Palavra de Deus gera fé. ... *a fé vem pela pregação, e a pregação, pela palavra de Cristo* (Rm 10.17). Aqui, então, está o desafio. Ter fé na Ressurreição é difícil, especialmente para aqueles que, como Tomé, têm um temperamento pessimista e uma tendência natural ao ceticismo. Jesus, porém, está pronto para vir ao nosso encontro, assim como foi ao encontro de Tomé, em nosso pessimismo e ceticismo. Assim como gerou fé nos viajantes a caminho de Emaús ao abrir as Escrituras para eles, também está pronto, por meio do seu Espírito, para abrir sua Palavra ao nosso entendimento. A nós cabe, como o pai que trouxe o filho a Jesus para ser curado, clamar: *Eu creio! Ajuda-me na minha falta de fé!* (Mc 9.24).

25
No caminho de Emaús

Enquanto o restante dos discípulos e seguidores de Jesus estava escondido a portas trancadas, em Jerusalém, com medo dos judeus (Jo 20.19), Cleopas e o seu amigo, cujo nome não é citado, os últimos atores no drama da Cruz, viajavam de Jerusalém para Emaús. Eles foram os únicos seguidores de Jesus que saíram da cidade no dia depois do Sábado, logo depois da crucificação. Quer por necessidade, quer por desilusão, ou talvez apenas porque prefeririam caminhar em vez de ficar trancados, eles partiram naquele primeiro dia da semana. Que tipo de pessoas eram Cleopas e seu amigo? Com que dificuldades e com que dúvidas eles lutavam? E como Jesus lidou com eles?

Uma discussão animada

Enquanto percorriam os onze quilômetros a pé, eles ... *iam conversando a respeito de todas as coisas sucedidas* (Lc 24.14). Depois, Lucas nos diz que eles *conversavam e discutiam* (v.15), indicando que era um debate, ou uma argumentação. Era uma conversa animada e acalorada. Quando Jesus perguntou a eles *"Que é isso que vos preocupa e de que ides tratando à medida que caminhais?"* (v.17), ele usa uma expressão idiomática que significa "O que são essas palavras que vocês estão jogando um contra o outro?" É a palavra que forma o termo "antibalístico". Ela sugere uma imagem de mísseis verbais sendo arremessados um contra o outro, uma frase interceptada por uma réplica na metade do caminho entre as duas. De fato, uma discussão animada.

Quando Jesus, o estranho, fez a pergunta, ... *eles pararam entristecidos* (v. 17). Era uma interrupção inconveniente de uma conversa animada por uma pergunta absolutamente inacreditável. Eles estavam perplexos. Ficaram sem ar, pararam e ficaram olhando para ele. A resposta curta que deram à pergunta do estranho diz mais sobre a animação de sua conversa. *És o único, porventura, que, tendo estado em Jerusalém, ignoras as ocorrências destes últimos dias?* (v. 18).

Não podemos ficar com a impressão de que esses dois amigos no caminho de Emaús estavam dominados por um pesar sombrio, como às vezes é retratado. Eles estavam ansiosos para falar e analisar o significado do que havia acontecido. Observe a longa resposta (v.19-24) à curta pergunta de Jesus: *"Quais?"* (v.19). As palavras saem como uma enxurrada: ele era um profeta poderoso. Os chefes dos sacerdotes o condenaram à morte. Eles o crucificaram. Isso foi há três dias. Além de tudo, agora algumas de nossas mulheres disseram ter visto o túmulo vazio. Elas viram um anjo que disse que ele estava vivo. Alguns dos nossos amigos também foram até o túmulo, mas não o viram.

As frases sugerem que eles atiravam as informações ao estrangeiro, interrompendo um ao outro para acrescentar mais detalhes. É quase como se o que aconteceu em Jerusalém, em vez de causar pesar, fosse apenas combustível para suas conversas. Em vez de estarem com medo de perder o centro de suas vidas, como outros na narrativa da Ressurreição, eles estavam debatendo e discutindo.

Isso nos dá, portanto, uma pista quanto ao caráter dessas duas pessoas. Elas eram mais de falar do que de andar. O importante na história não é que eles estavam caminhando de Jerusalém para Emaús, mas que estavam tendo uma conversa animada no caminho. Alguns de nós somos como eles. Temos uma grande propensão a falar, um gosto pelo debate e pela discussão. Sempre precisa haver uma conversa. Todos nós conhecemos esse tipo de pessoas. Elas sempre precisam dizer alguma coisa. Sempre precisam que você diga alguma coisa. Elas precisam falar. Tudo termina em conversa. Qual é o motivo de alguma coisa acontecer se não dá para falar sobre ela?

O perigo de ser falante

Então, lhes disse Jesus: "Ó néscios e tardos de coração para crer tudo o que os profetas disseram!" (v.25). A palavra que ele usa implica uma pessoa que não tem conhecimento ou que tem um conhecimento imperfeito.

Eles não eram completamente ignorantes, pois quando Jesus lhes falou sobre as Escrituras, eles disseram: *Porventura, não nos ardia o coração, quando ele, pelo caminho, nos falava, quando nos expunha as Escrituras?* (v.32). Alguém cujo coração queima em seu interior ao ouvir outra pessoa discorrer sobre as Escrituras é alguém que tem algum conhecimento delas, alguém que começa a ver as coisas se encaixando. A resposta deles pressupõe alguma familiaridade com o assunto, mas não o suficiente. Esse é o risco das pessoas falantes. Elas, muitas vezes, acabam tendo apenas uma compreensão parcial. Pegam um pedaço da informação e falam sobre ela. Quanto mais falam, menos ouvem, e mais diminui sua compreensão.

Jesus também disse que eles são *"tardos de coração para crer"*. Pessoas prontas a discutir, muitas vezes, são lentas em acreditar. A discussão precisa continuar, as nuances precisam ser debatidas; as implicações, testadas; todas as possibilidades, examinadas. Os textos clássicos sobre esse assunto são as duas cartas de Paulo a Timóteo. Ele diz a Timóteo que tome cuidado com pessoas que *antes, promovem discussões do que o serviço de Deus, na fé* (1Tm 1.4). Ele fala sobre pessoas que são ansiosas para entrar em

> *loquacidade frívola (v.6), pretendendo passar por mestres da lei, não compreendendo, todavia, nem o que dizem, nem os assuntos sobre os quais fazem ousadas asseverações (v.7). ... é enfatuado, nada entende, mas tem mania por questões e contendas de palavras... (1Tm 6.4).*

Entram em

> *falatórios inúteis e profanas e as contradições do saber, como falsamente lhe chamam (v.20). Pois haverá tempo em que não suportarão a sã doutrina; pelo contrário, cercar-se-ão de mestres segundo as suas próprias cobiças, como que sentindo coceira nos ouvidos; e se recusarão a dar ouvidos à verdade, entregando-se às fábulas (2Tm 4.3s).*

Quando Paulo escreveu a Timóteo, um dos problemas da Igreja eram pessoas que gostavam de falar e falar, e continuar falando, e nunca chegar à verdade.

Dúvida e decepção

Os dois a caminho de Emaús foram, no mínimo, tentados a duvidar por causa da decepção: *Ora, nós esperávamos que fosse ele quem havia de redimir a Israel...* (Lc 24.21). Aqui eles sabiam de tudo, depois do evento: esta é outra característica desse tipo de pessoa. Talvez eles não estivessem tão próximos quando Jesus estava vivo. Agora que estava morto, no entanto, e eles podiam dizer com segurança que *"esperavam".* Isso combina com sua reação incrédula diante da história das mulheres de que o túmulo estava vazio. Eles estavam bastante satisfeitos que Jesus estava morto e tudo estava terminado.

Será que esses homens não tinham um sentimento de alívio não admitido em relação ao que havia acontecido? Estavam chegando perto de ter um envolvimento e um compromisso com Jesus Cristo? Agora que ele havia morrido e estava no túmulo, eles estavam livres para voltar para casa. O que estava começando a esquentar, moral e espiritualmente, tinha repentinamente esfriado, e eles estavam aliviados que a pressão tinha acabado. Isso é só uma hipótese, mas o tipo de hipótese que seria verdade em relação a pessoas falantes quando confrontadas com uma decisão. Elas gostam de qualquer interrupção que tire a pressão e deixe que elas relaxem e continuem sem se comprometer.

A era da discussão

Algumas pessoas são assim hoje. Nós vivemos na era da discussão, do diálogo, das comissões de inquérito, dos seminários, dos debates. Quando formam um comitê para debater uma questão, muitas pessoas acham que já fizeram alguma coisa. Algumas vezes elas fizeram. Outras não. Nós acreditamos no diálogo. Damos a essa palavra, "diálogo", um significado tremendo. É claro que as pessoas precisam conversar, mas a sugestão traiçoeira de que só o diálogo pode resolver todos os problemas está errada. Ele não consegue.

Esse é o problema no envolvimento de muitas pessoas com Jesus Cristo. Elas falam sobre ele, mas não são capazes de se comprometer e de acreditar. Na Escócia, depois da Segunda Guerra Mundial, era a época das *Youth Fellowships*, as reuniões de jovens, em que a palavra-chave era "discussão". Os Estados Unidos dos anos sessenta e setenta viram a época das *rap sessions*, grupos informais de discussão. Agora que já se passaram alguns anos, vemos que muito pouco resultou desses grupos. As pessoas que ainda acreditam, acreditavam antes, e os outros simplesmente se cansaram das discussões, e não se sabe onde estão hoje. Até onde vai o nosso interesse pelo cristianismo? Em ouvir? Em falar? Ou chegamos ao ponto de nos comprometer e começar a agir?

Prova das Escrituras

A história tem um toque de humor irônico. Que método Jesus usou com esses amigos? Ele os deixou falarem. Sua primeira pergunta foi: *"Que é isso que vos preocupa e de que ides tratando à medida que caminhais?"* (Lc 24.17). Eles explodiram: *És o único, porventura, que, tendo estado em Jerusalém, ignoras as ocorrências destes últimos dias?* (v.18). Tranquilamente e com algum humor, ele inocentemente perguntou: *"Quais?"* (v.19). Ele os está atraindo, e eles mordem a isca, continuam, um depois do outro, a completar os detalhes. Eles não o reconhecem; estão tão entretidos pela conversa que não dão a mínima atenção a quem Jesus é.

Então ele adota o método deles: a argumentação. *E, começando por Moisés, discorrendo por todos os Profetas, expunha-lhes o que a seu respeito constava em todas as Escrituras* (v.27). Jesus pegou o que eles estavam dizendo e, a partir do Antigo Testamento, passagem após passagem, demonstrou que o que acontecera tinha sido profetizado. Era necessário. Não era o fim, era necessário não só que Cristo sofresse, mas que entrasse em sua glória. Eles tinham onze quilômetros para andar, então tiveram uma longa e talvez lenta viagem, para que Jesus pudesse explicar-lhes *todas as Escrituras*.

O método de Jesus difere de pessoa para pessoa. Quando apareceu a Maria, não houve menção às Escrituras. Maria sabia tudo o que era necessário por enquanto; ele a abordou com ternura, com reafirmação. Quando apareceu a Cleopas e seu amigo, no entanto, adotou a tática da argumentação. O problema deles era a indecisão intelectual. Com a precisão e o humor de um argumentador habilidoso, Jesus os conduziu a uma decisão intelectual.

A convicção que vem da experiência

A convicção real, no entanto, não veio enquanto Jesus estava falando com eles sobre as Escrituras ou argumentando de acordo com o seu próprio raciocínio. A argumentação era um prelúdio necessário, ou Jesus não teria se dado ao trabalho de discutir com eles como fez. Ele estava preparando o terreno. Estava eliminando barreiras, colocando Cleopas e seu amigo em um lugar em que pudessem ser convencidos, mas, na verdade, a convicção não resultou da argumentação. Veio quando eles deram um pequeno passo, comprometendo-se. *Quando se aproximavam da aldeia para onde iam, fez ele menção de passar adiante. Mas eles o constrangeram, dizendo: Fica conosco, porque é tarde, e o dia já declina* (Lc 24.28s). O fato de terem-no convidado significava que estavam impressionados com o que ele havia dito, e queriam ouvir mais. Aquele pequeno traço, aquele fio de cabelo de compromisso, conduziu-os à descoberta. Ela veio quando sentaram-se à mesa e ele partiu o pão, deu graças e o dividiu com eles. Naquele momento, eles reconheceram

Jesus, e naquele momento ele desapareceu. Sua convicção real não veio com a argumentação. Veio com a experiência.

Tiveram uma experiência intuitiva. Eles sabiam! É sempre desconcertante perguntar a alguém: "Como você sabe?", e a pessoa responder "Eu simplesmente sei". Mas foi exatamente isso que aconteceu com esses homens. Eles haviam discutido por onze quilômetros. Eles sentaram-se à mesa. Jesus partiu o pão e, em um instante, eles sabiam. Como sabiam? Eles simplesmente sabiam! Chamamos a isso de conhecimento intuitivo, conhecimento que vem com uma repentina explosão de certeza.

Temos dois tipos de conhecimento: o conhecimento cognitivo, que vem da informação, da educação e da discussão; e o conhecimento intuitivo, que vem por meio da consciência ou do instinto. Como a vida seria lenta se tivéssemos apenas o conhecimento cognitivo, se tudo o que sabemos tivesse que ser aprendido mecanicamente! Em vez disso, Deus nos deu dois tipos válidos de conhecimento. Cleopas e seu amigo tiveram uma experiência existencial com Cristo. Em uma súbita compreensão da intuição, eles conheceram Jesus, e dessa mesma maneira muitas pessoas chegam à fé, tanto na Bíblia quanto fora dela.

Nas nossas vidas, o conhecimento intuitivo precisa estar em equilíbrio com o conhecimento cognitivo. É preciso que haja uma interação entre o que nós sabemos porque sabemos, e o que sabemos porque aprendemos, concluímos e provamos. Nós chegamos à verdade por meio desses dois caminhos. Deus nos deu tanto a razão quanto a intuição, uma para verificar a outra. Deus nos deu uma fé cristã objetiva, que tem uma porção cognitiva, que envolve nosso intelecto. Por isso temos nossa razão e as verdades objetivas da Bíblia. Deus também nos deu uma fé cristã subjetiva, que envolve a experiência. O cristão avança em sua fé equilibrando as duas, sua experiência subjetiva testada pelas Escrituras e sua compreensão das Escrituras testada pela sua experiência. A vida fica distorcida e deturpada se as duas coisas não estiverem equilibradas. No caminho de Emaús, Jesus preparou o terreno cognitivo, demonstrando para eles em todas as Escrituras que seu corpo precisava ser quebrado. Eles chegaram à fé, no entanto, por meio de uma experiência intuitiva e existencial do pão sendo partido.

Essa é a dificuldade com os que discutem e os falantes. Eles se concentram em apenas um desses caminhos para o conhecimento. Estão sempre aprendendo, mas nunca chegam a um conhecimento da verdade, porque acham que a vida se resume ao que você pode aprender, ao que você pode ler em um livro. A vida não funciona assim. Uma boa parte da vida nunca entra nessa esfera. É aqui que os que discutem e os falantes falham. Estão ocupados o tempo todo com as provas, com os fatos, mas nunca chegam no conhecimento da verdade, porque nunca se comprometem com a experiência da verdade. Deus fala conosco por meio da argumentação e da sua Palavra. Ele também nos deu a capacidade de conhecê-lo e experimentá-lo. É só quando essas duas coisas se equilibram e harmonizam que podemos nos tornar pessoas que têm fé no Cristo ressurreto, como os dois amigos no caminho de Emaús.

Apêndice
Pessoas na Bíblia

1. *Os objetivos de pregar sobre personagens bíblicos.*

   a) **A curto prazo:**
      i. Prender a atenção da congregação.
      ii. Passar a verdade sobre o Evangelho.
      iii. Contar as histórias na língua deles (conversa de família/psicologia popular)
      iv. Estimular as conversas depois do culto.

   b) **A longo prazo:**
      i. Aumentar o conhecimento das pessoas sobre as histórias bíblicas (instrução bíblica), como pintar seguindo números.
      ii. Ajudar as pessoas com os problemas cotidianos, os relacionamentos, a conduta; e um meio de falar sobre essas coisas uns com os outros.

2. **Dicas de como fazê-lo do zero:**
    i. Faça seu próprio estudo básico sobre o texto. Sempre existe muito mais do que nós percebemos, então isso significa repassar tudo, detalhe a detalhe, para conseguir levantar todos os elementos da história. Uma maneira de fazer isso é reescrever a passagem, separando uma nova linha para cada frase ou pensamento. Preste atenção aos relacionamentos que a pessoa tinha com sua família, seus pais, irmãos, irmãs, filhos e outras pessoas na história. Anote as respostas às perguntas: Onde? A que distância? Quando? Por quanto tempo? Quem? O que de fato aconteceu, e em que ordem?
    ii. Verifique todas as outras referências à pessoa em uma concordância bíblica, e veja o que essa busca gera como fundo para a história, ou como informações adicionais.
    iii. Procure detalhes em um dicionário bíblico.
    iv. Consulte comentários, procurando o que eles podem dizer sobre a pessoa, não tanto sobre o texto.

3. **Use a sua imaginação!** Tente experimentar e contar a história do ponto de vista dos personagens principais da história.

4. **Transforme em episódios** ou capítulos que sejam fáceis de serem seguidos e que conduzam a um ou dois pontos principais.

5. **Pense em ilustrações** da sua própria experiência ou de biografias, livros, revistas ou jornais que você tenha lido.

6. **Trace um roteiro detalhado** ou escreva tudo, mas...

7. **Conte como uma história.**

8. **Uma dica sobre como usar um personagem deste livro.** Você precisa contextualizar o que está no capítulo ao lugar, à época, às pessoas e à ocasião em que você pregará. Isso geralmente significa:

   i. Retrabalhar como você abre e fecha a pregação para se encaixar à ocasião e ao público.

   ii. Omitir trechos que não se apliquem ao seu público, ou que seriam estranhos para ele.

   iii. Substituir ou acrescentar novas ilustrações que falem ao seu público.

Tom Houston
Maio de 2001

Sobre o livro:

Formato: 16 x 23 cm
Tipo e tamanho: Cambria 11/16
Papel: Capa - Cartão 250 g/m²
Miolo - Polen Soft LD 70 g/m²